ツレヅレハナコの

揚げもの天国

ツレヅレハナコ

PHP

はじめに

揚げものは好きですか？
「食べるのは大好き！
でも、自分で揚げるのはちょっと……」
そう思っている人が多いのではないでしょうか。

かくいう私も、「揚げもの＝めんどくさくて大変！」、
ずっとそう思っていました。
「使った油の処理がプレッシャー」「台所が汚れる」
「油がはねて怖い」「うまく揚がらない」「太りそう」……
たしかに自分で揚げものをするハードルは盛りだくさん。
「買うか、外で食べればいいか」となるのもわかります。

でも！
家で食べる揚げものはプライスレスなおいしさ。
食べたい食材を、食べたい揚げ方で好きなだけ。
鮮度のいい油で揚げた揚げものは胃もたれもしないし、
組み合わせも自由自在です。

そもそも「お店みたいに完璧な揚げもの」を
目指す必要もないのかもしれません。
揚げものって心のテンションに比例する料理。
ひとりの晩酌で「とにかく揚げたっぽいものが食べたい」夜なら、
1センチの油でササッと揚げ焼きできるもので十分！
逆に、人が集まる日なら
「ちょっと面倒だけど最高のフライ」を目指して腕まくり。
もっと気楽に、揚げものと付き合えたらいいのになと思います。

この本では、今では週2〜3回は揚げものをする私が、
普段から作り続けているメニューをご紹介します。
レシピともいえない「単に揚げるだけの素揚げ」もあれば、
「基本のキからご紹介する定番揚げもの」、
我が家で夜ごと繰り広げられる「揚げもの宴会レシピ」も。
あなたの食卓にアツアツのおいしい揚げものが並ぶ、
そのきっかけになれたらうれしいです。

2018年4月　ツレヅレハナコ

揚げものが楽しくなるレシピ
1

自家製ポテトチップス

はじめて自家製ポテトチップスを食べたときは、
ものすごく感動しました。「お店で売ってるやつみたい！」。
でも正確にいえば、それもまた違う。
もしやこれ、お店のものよりもおいしいんじゃない？（強気）
鮮度のいい油で揚げたポテチは油臭さゼロ。
材料はじゃがいもと塩と油だけだから、素材本来の味が楽しめます。
低い温度から揚げることで油がはねにくく、
じゃがいもの水気を拭かなくていいのもうれしい。
塩といっしょに、青のりや山椒をまぶすのもオススメです。

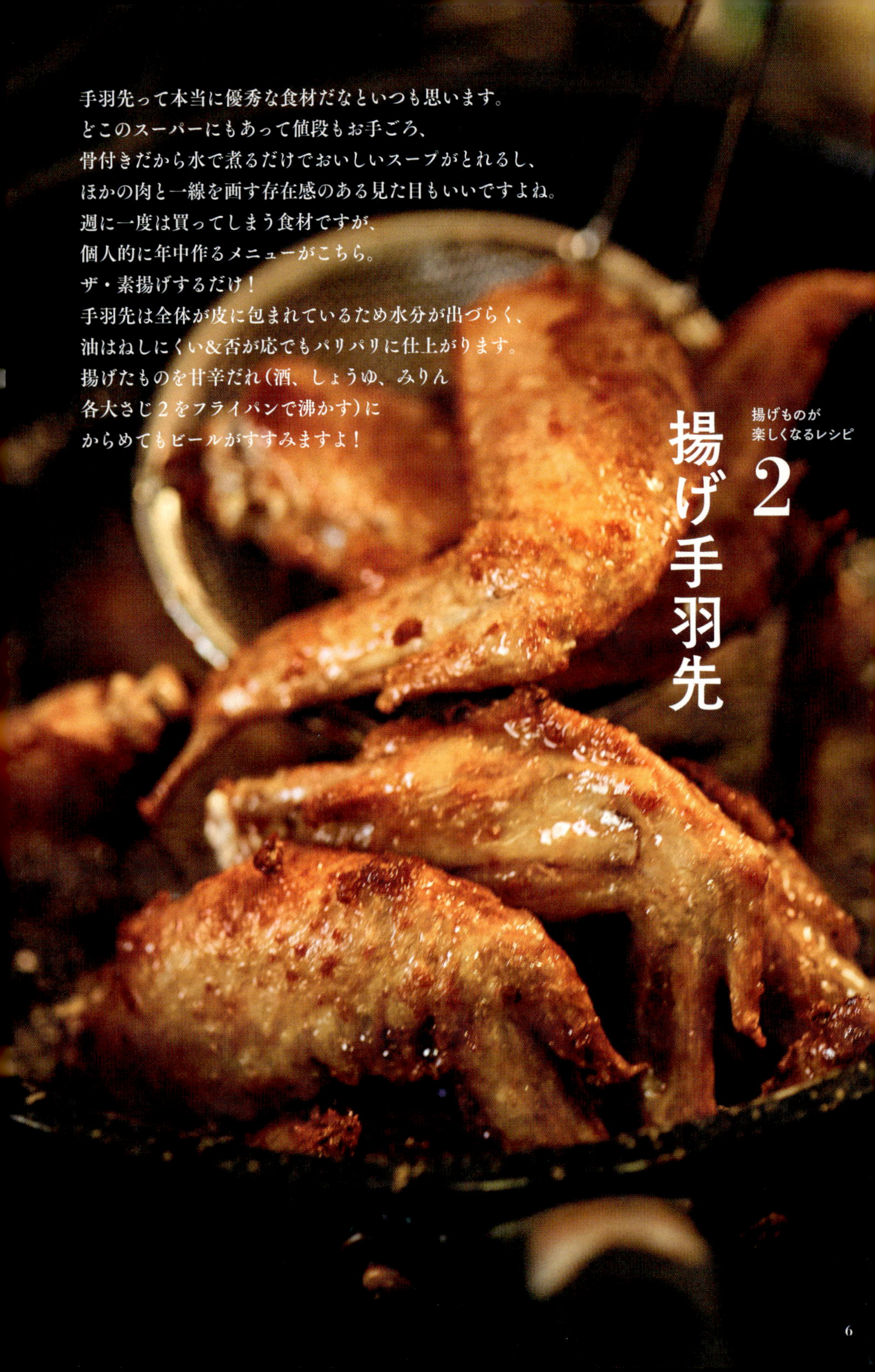

揚げものが楽しくなるレシピ 2

揚げ手羽先

手羽先って本当に優秀な食材だなといつも思います。
どこのスーパーにもあって値段もお手ごろ、
骨付きだから水で煮るだけでおいしいスープがとれるし、
ほかの肉と一線を画す存在感のある見た目もいいですよね。
週に一度は買ってしまう食材ですが、
個人的に年中作るメニューがこちら。
ザ・素揚げするだけ！
手羽先は全体が皮に包まれているため水分が出づらく、
油はねしにくい&否が応でもパリパリに仕上がります。
揚げたものを甘辛だれ（酒、しょうゆ、みりん
各大さじ２をフライパンで沸かす）に
からめてもビールがすすみますよ！

揚げものが楽しくなるレシピ

3 ちくわのいそべ揚げ

なんで、こんなに好きなんですかね……。
愛してる！　ちくわのいそべ揚げ！
これを嫌いだという人には会ったことがありません。
ちくわそのままでは大して興味はなくとも、
青のり入りの天ぷらころもをまとえば最強！
目にすると誰もが顔をほころばせる、すばらしきおつまみになるのです。
居酒屋で食べるメニューの定番ではあるものの、
てんぷら粉を使えば初心者さんでも絶対に失敗なし。
これでもかと好きなだけ青のりを入れて、思う存分揚げたてを味わってほしい～。

モロッコのレストランでよく食べたのが、
この食材の組み合わせ。ラム肉、シナモン、ナッツ、ミント。
日本では、あまり定番とはいえない料理の気配……、
（ラム肉は牛肉に代えてもOK）
というか「コレ春巻きにしちゃうの⁉」かもですが、
やってみると赤ワインによく合いすぎるのです。
シナモンはラム肉をエキゾチックな風味にし、
ナッツはカリッとした歯ごたえのアクセントに、
仕上げのミントは華やかな香りを加えてくれます。
スティック状に巻くことで、シャレてる度はさらにアップ。
ワイン宴会などで出しても盛り上がりますよー。

揚げものが
楽しくなるレシピ

4 エキゾ春巻き

揚げものが
楽しくなるレシピ

5

里芋のチーズコロッケ

コロッケといえばじゃがいも……。
もちろんそれはそうなのですが、
ぜひお試しいただきたいのが里芋コロッケ！
里芋で作る生地は、ここにしかない幸せの味。
サクサクのころも、ねっとり密度の里芋、
とろりと濃厚チーズ……
この三位一体ぶりは、じゃがいもでは味わえません。
生のまま皮をむくとつるつるすべる里芋も、
皮ごとのレンジ加熱ならお手軽。
それさえイヤなら冷凍の里芋を使ってもOK！

新鮮な油で揚げる贅沢！

自家製ポテトチップス

材料（作りやすい量）

じゃがいも　食べたいだけ

⇒できればメークイン。男爵でもいいけど、
メークインはでんぷんが少ないのでカラッと揚がる！

塩　適量

★揚げ油　じゃがいもがひたるくらい

作り方

1　じゃがいもはよく洗い、皮付きのままスライサーで薄切りにして水にさらす。

2　じゃがいもをざるにあげて水気をきり、フライパンに入れて常温の油をそそぐ（じゃがいもがひたるまで）。

3　火をつけて中火にし、全体が泡立ってきたら揚げ網ですくって空気にふれさせつつ、カリッとするまで揚げる（一気に茶色くなるので焦げないように気をつけて！）。油をきり、ボウルに入れて塩をふって全体にまぶす。

パリパリ具合、プライスレス！

揚げ手羽先

材料（作りやすい量）

手羽先　12本

下味

- 酒　大さじ1
- 塩　小さじ1
- にんにくのすりおろし　1かけ分

七味唐辛子　適量

★揚げ油　手羽先がひたるくらい

作り方

1　ポリ袋に手羽先、下味の材料を入れて軽くもみ、15分以上おく。

2　手羽先をフライパンに入れて、常温の油をそそぐ（手羽先がひたるまで）。

3　火をつけて中火にし、皮がカリッとしてきたら裏表を返し、揚げ網ですくって空気にふれさせつつ8分ほど揚げる。器に盛り、七味唐辛子をふる。

みんな大好きテッパンつまみ

ちくわのいそべ揚げ

材料（2人分）

ちくわ　4本

天ぷら粉　100g

青のり　大さじ2

水　160ml

★揚げ油　フライパンの底から3cm

作り方

1　ボウルに天ぷら粉、青のり、水を入れてなめらかになるまで混ぜる（泡立て器でガンガン混ぜて大丈夫）。

2　フライパンに油を高さ3cmほど入れて中温*（P.22を参照）に熱し、**1**のころもにくぐらせたちくわを入れて上下を返しながら3分ほど揚げる。穴の中に入ったころもにも火を通すイメージで揚げましょう。

シナモン香る異国の味

エキゾ春巻き

材料（2人分）

ラム肉　200g
アーモンド　40g
下味
　シナモン　小さじ1
　塩　小さじ1
　はちみつ　大さじ½
オリーブオイル　小さじ1
薄力粉　大さじ1（大さじ1の水で溶く）
春巻きの皮　4枚
ミント　適量
★揚げ油　フライパンの底から1cm

作り方

1　ラム肉をフードプロセッサーでひき肉状にする（または包丁で細かくたたく）。アーモンドは包丁で粗く刻む。フライパンにオリーブオイルを熱し、ラム肉を炒める。肉の色が変わったら下味の材料、アーモンドを入れて混ぜ、バットにあげて冷ます。

2　春巻きの皮を斜め半分に切り三角形にする。**1**の⅛量を真ん中に細長くのせて包み、端を小麦粉のりでとめる。両端にも小麦粉のりをつけ、ひねる。残りも同様にする。

3　フライパンに油を高さ1cmほど入れて中温*に熱し、春巻きを入れて上下を返しながら3分ほど揚げる。器に盛り、ミントを添える。

じゃがいもよりねっとり濃厚！

里芋のチーズコロッケ

材料（4人分）

里芋　4個
下味
　塩　小さじ½
　こしょう　少々
　牛乳　½カップ
プロセスチーズ　30g
薄力粉、パン粉（細びき）　各適宜
溶き卵　1個分
★揚げ油　フライパンの底から3cm

作り方

1　里芋を洗い、水気がついたまま耐熱ボウルに入れる。ラップをかけ、電子レンジで5分ほど加熱する。上下を返してさらに3〜5分加熱し、竹串がすっと通ったら皮をむいてフォークでつぶし、下味の材料を加えて混ぜる。チーズは8等分する。

2　里芋の粗熱がとれたら8等分してチーズを包んで丸め（このとき、手を水でぬらすとくっつきません！）、薄力粉、溶き卵、パン粉の順につける。

3　フライパンに油を高さ3cmほど入れて中温*に熱し、コロッケを入れて上下を返しながら3分ほど揚げる。

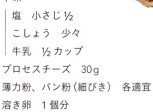

「揚げない5つの理由」解決します！

揚げものを食べたいけれど、家では揚げない。
それはなぜかを聞いてみると、
みんなに共通の「揚げない理由」がありました。
うーん、わかるわかる。でも、こう考えてみたら？
すぐにでも揚げたくなる解決案をご紹介します！

「使った油の処理がプレッシャー」

↓

一度使ったらサッサと捨てるべし！そのくらいの贅沢は許されます

昔の台所には、フィルター付きの「油こし器」なるものがありました。一度使った油はこれを通し、二度目、三度目と繰り返し再利用……。でも正直、毎日揚げるわけでもないので油は酸化していく一方。おいしくもないし、体にも悪い！　だからもう、「再利用する」という考えは捨てましょう。実は油なんて、たいした金額ではありません。がんばって揚げているのだから、そのくらいの贅沢は許されるはず！　廃油処理剤を使うほか、少量なら厚手のビニールにキッチンペーパーを入れて油を吸わせて捨てるとラク。

「台所が汚れる」

↓

油はねなんて、すぐに拭けばよし　うちの台所は揚げた後の方がピカピカ！

「揚げものの後は台所の掃除が大変で……」とよく聞きます。たしかに油がはねる！　しかも、それを放置しておくと、ギットギトにかたまります。でも、はねたばかりの油は濡れ布巾でサッと拭けばすぐキレイになるもの。私自身、揚げものの後は一気に台所の壁や床を拭きまくります。週2～3回の揚げものをしたときこそ、掃除のチャンスタイム。そのおかげで、台所はいつもピカピカだと言っても過言ではありません。それでも気になる人は、壁や足元をアルミホイルや新聞紙でカバーするとはねをかなり防げるはず。

「油がはねて怖い」

↓

「なぜはねるのか？」を知れば かなりの割合で防げます

一度でも揚げ油がはねてやけどをしたことがあると、「二度と揚げものなんてしたくない！」と思う人が多いようです。たしかに痛いし怖いですもんねー。でも、そもそも「なぜ油がはねるのか？」を知っていれば、そのリスクはかなり減らせます。まず一番は水気。少しでも水分がついているものを熱い油に入れると 100％はねます。水分を拭きとったり、粉をはたいたり、ころもをつけたりと水分カバーを徹底しましょう（ちなみに冷たい油からの素揚げははねにくい！）。それと、ししとうやなすのように内部に空気が充満するものの爆発。これは事前に切れ目を入れれば解決！

「うまく揚がらない」

高温の油と仲良くなりつつ 基本のキからマスターしよう

うまく揚がらない理由をチェックしてみると、一番多い原因は「油の温度が低すぎること」。高い温度を怖がって低温で揚げているため、いつまでもカラッとせずべちゃべちゃな仕上がりになるのです。それほど簡単には油に引火しませんので（煙が出るほどの高温はNGだけど）、覚悟を決めて180℃を目指しましょう。また、揚げもの初心者さんは、「正しい作り方」をきっちり読んでから作るべし。多い失敗は、下味をつけなかったり、天ぷらのころもの水分を計量しなかったり、フライのころもを適当にはしょったり……。すべての工程には理由があります。自己流アレンジは、その後で！

「太りそう」

毎日食べるわけでもなし 太るのは別の原因です！（笑）

たしかに揚げものはカロリーが高い。ころもをつければ糖質だって高くなります。でも！　なにも毎日揚げものばかり食べているわけではないですよね？　たまに食べるおいしい揚げものでは太らないし、揚げもののせいにするのはかわいそう。私も含めて、太るのは単に別のものの食べすぎです！（笑）。「今日はから揚げをたらふく食べたから、明日はさっぱりめで」と調整すればよい話。おいしいものはカロリーが高いけれど、幸せ濃度も高い。ぜひ、上手にコントロールしつつ取り入れてみてください。

私の「揚げもの・基本の道具」

揚げものをするには、特別な道具が必要？
私が使うのは、普段から家にあるものがほとんど。
でも「これがあるとさらにおいしくできる！」
というオススメの道具もご紹介します。
ぜひ少しずつそろえて、揚げ上手を目指して！

テフロンフライパン

専用の鉄鍋じゃなくてもOK！　私が愛用しているのは、10cmほどの深さのあるテフロンフライパンです。軽いので気軽に使えて、深さがあるぶん燃え移りの心配も軽減。

網じゃくし

揚げかすをすくわずに2回転目の食材を揚げると、黒こげの揚げかすが付着する原因に！　100均でもよいので網じゃくしを用意して、こまめにすくいましょう。

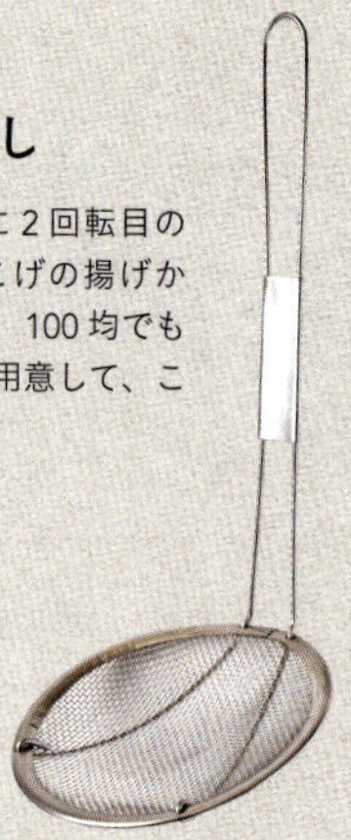

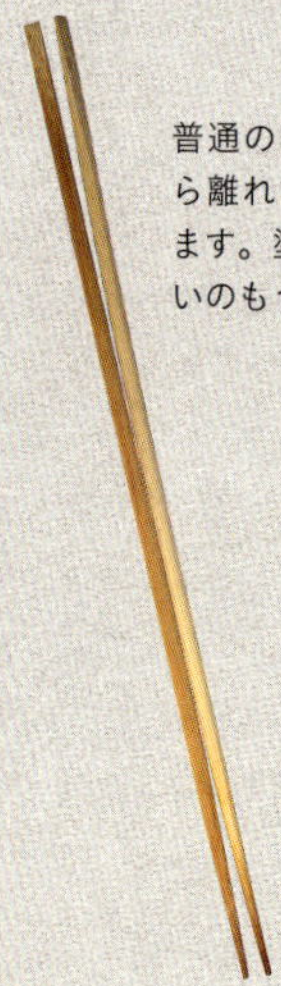

さい箸

普通の箸より長いぶん、揚げ油から離れて食材にふれることができます。塗りの箸に比べてすべりにくいのもうれしい。

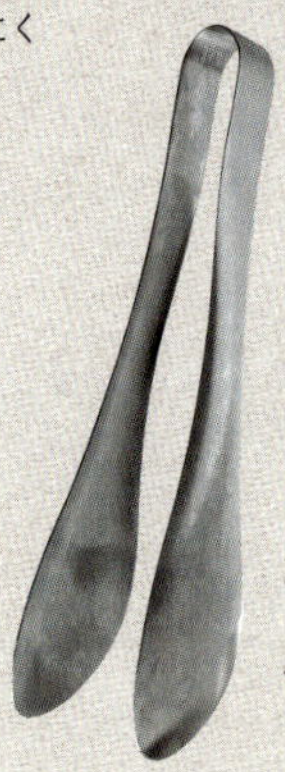

トング

重量のある食材を裏返したりするときは、しっかりつかめるトングが便利。箸で無理につかもうとすると、つるっとすべって危険！

温度計

温度の目安（P.22 参照）が不安な人は、揚げもの用の温度計があると安心！　1000 円程度で手に入ります。実は私もたまに使ってます！

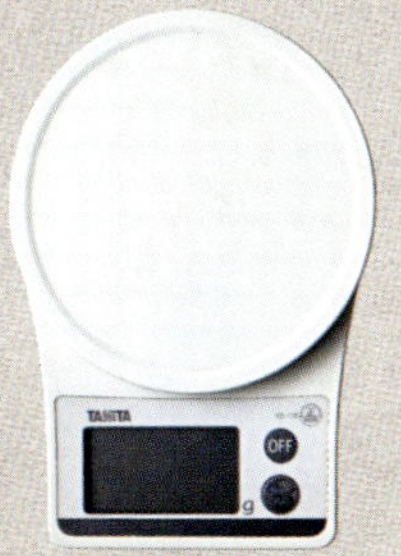

スケール&計量カップ

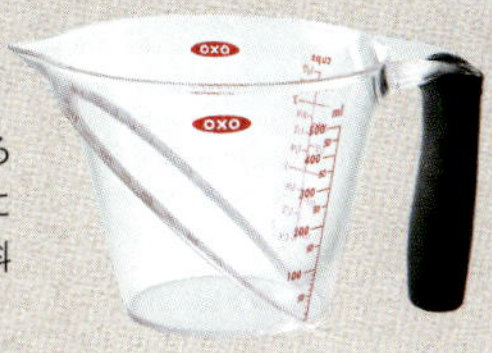

初心者さんは、必ず計量を（もちろん慣れたら目分量で OK！）。とくにころもの配合は、油分と水分の科学。仕上がりに大きく差が出ます。

バット&揚げ網

必須アイテム！　100 均でもよいので必ずそろえましょう。とくに揚げ網は、あるかないかで仕上がりが全然違います。キッチンペーパーなどより油通しのよい網一択！

油

好みの油で OK ですが、私が愛用するのはキャノーラ油。安価ですがカラッと揚がり、胃もたれしにくいような気がします。

目次

1章 「1センチの油」で揚げよう！

2章 「素揚げ」でなんでもおいしくなる！

3章「オススメころも」で失敗なく揚げる！

4章 腕まくりして華やかに揚げる！

【本書のきまり】

・大さじ 1は 15ml、小さじ 1は 5ml、1カップは 200ml です。
・電子レンジの加熱時間は 600w を基準にしています。
機種によって差がありますので、レシピに記載した
加熱時間を目安に、様子を見ながら加熱してください。
・揚げ油の温度は中火で 2 ～ 3分熱してから、乾いたさい箸を入れて
その様子で判断します。本書で紹介しているレシピは、
中温（レシピ中に * で表示）で調理するものがほとんどです。
低温（160 ～ 165℃）＝さい箸から細かい泡がゆっくりと揺れながら出る
中温（170 ～ 180℃）＝さい箸からすぐに細かい泡がまっすぐ出る
高温（185 ～ 190℃）＝さい箸から勢いよく細かい泡がたくさん出る

1章

「1センチの油」で揚げよう！

とにかく揚げ油を
たくさん使いたくない！

わかりますよー、その気持ち。
揚げもの好きな私でさえ「たっぷりの油で揚げるのが最高」と言いつつ、
どうにも面倒くさいときのほうが多いものです。

でも、お店のように完璧じゃなくてもよいから、
なんだか「揚げたっぽいものが食べたい」とき。
フライパンに1センチの油で作る〝揚げ焼き風〟ならどうでしょう？
私のオススメは、

「ワンタンの皮」「春巻きの皮」
を使ったメニュー。

素材を皮で包むことで少ない油でも上手に揚がるし、
サクサクとした皮の食感も相まって「揚げもの食べてる感」がアップ！
好きなものをまとめて包んで冷凍しておけば、
いつでも気軽に揚げもの気分を味わえます。

基本の巻き方４種

小麦粉のりの作り方（共通）
薄力粉（大さじ１）を、水（大さじ１）で溶く。

ひとつ巻き

→ P.28 ～ 29

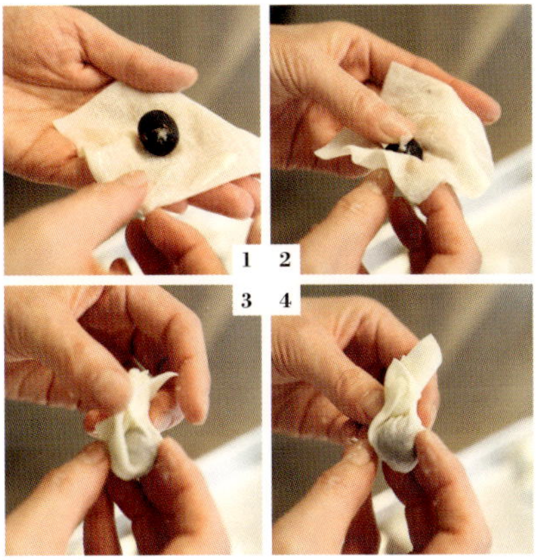

ワンタンの皮の中心に具を置き、小麦粉のりを皮のふちにぬる。きゅっと口をすぼめるようにして具を包み、ひだを寄せてとめる。

スティック巻き

→ P.30 ～ 31

春巻きの皮を斜め半分に切り、具を手前に細長く置く。手前からひと巻きしたら左右を折り、巻き終わりに小麦粉のりをつけて最後までとめる。

キャンディー巻き

→ P.32 ～ 33

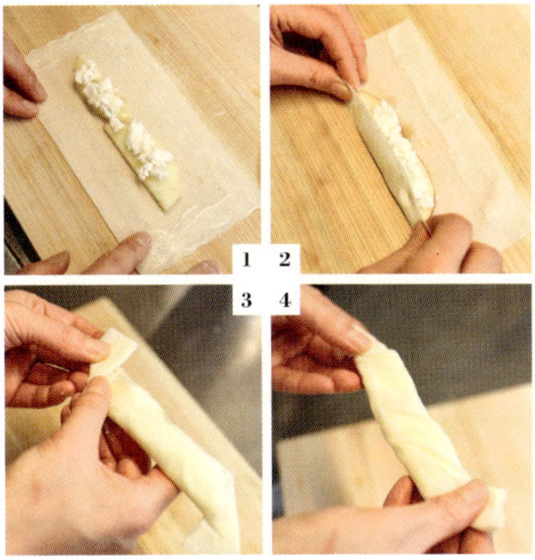

春巻きの皮を横半分に切り、具を手前に細長く置く。端から折りたたむように巻いていき、巻き終わりと左右の辺に小麦粉のりをぬる。左右の辺を互い違いに斜めに折り曲げる。

具だくさん巻き

→ P.34 ～ 39

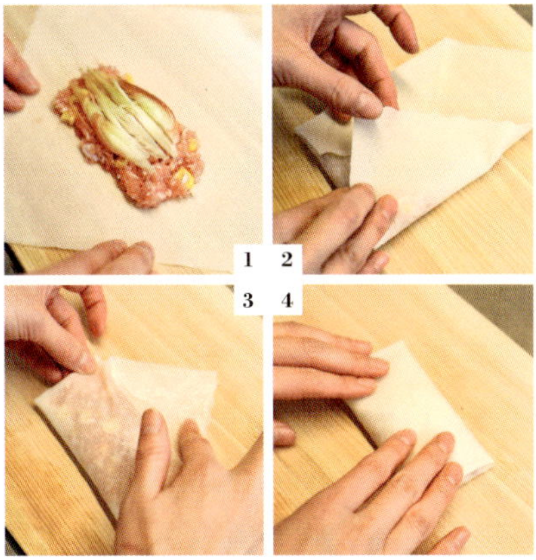

春巻きの皮を角が手前になるようにして置き、なるべく薄くした具を置く。手前からひと巻きしたら左右を折り、巻き終わりに小麦粉のりをつけて最後までとめる。

ひとつ巻き

ワンタンの皮でひとつの素材をくるっと巻いて揚げるだけ！
餅以外はそのまま食べられるものばかりなので、
皮がカリッとすればOKです。

うずらの卵

テンメンジャンをのせる。
食べるときに塩をふる。

そら豆

ゆでて皮をむき、塩をふる。
冷凍そら豆でもOK。

ソーセージ

1cm幅に切り、
粒マスタードをのせる。

プチトマト

へたをとり、マヨネーズをのせる。
食べるときに塩をふる。

餅

1cm角に切り、みそをのせる。
揚げすぎるとパンクするので注意。

オリーブ

オリーブは黒でも緑でもOK。
ただし種なしを選ぶこと。
（ガリッとなります！）

作り方

P.27の「ひとつ巻き」を参考に、それぞれの具を包む。フライパンに油を高さ1cmほど入れて、中温*に熱する。ひとつ巻きを入れて、さい箸で転がしながら皮がパリッと色よくなるまで揚げて網バットにとる。

揚げ揚げメモ

味つけは塩をふるだけでもよいし、「粉山椒＋塩」「カレー粉＋塩」、P.51の「アボカドディップ」などをつけるのもオススメ。中身がわからないロシアンルーレットのような合い盛りにするのも楽しい！

ふたつ巻き

スティック

春巻きの皮が活躍する真骨頂がこちら。
素材を２品組み合わせて巻くだけで、
いきなり「料理した感（？）」が出るのがすばらしい！
水気が多いものだけ避ければ、
たいていの食材は受け入れてくれますよ。

納豆×オクラ

納豆はしょうゆ、からしで調味する。
オクラはさっとゆでて縦長に切る。

ハム×いんげん

ハムは半分に切り、
いんげんはゆでる。

豆腐×明太子

豆腐は水切りしてくずし、
皮をとってほぐした明太子を混ぜる。

アボカド×生ほたて

皮にみそをぬる。
アボカドは5mm幅の薄切り、
生ほたては厚さを半分にする。

かにかま×万能ねぎ

かにかまはほぐし、
万能ねぎは8cm長さに切る。

はんぺん×しそ

はんぺんは1cm厚さに細長く切り、
しそにのせてマヨネーズをしぼる。

作り方

P.27の「スティック巻き」を参考に、それぞれの具を巻く。フライパンに油を高さ1cmほど入れて、中温*に熱する。ふたつ巻きを入れて、箸で転がしながら皮がパリッと色よくなるまで揚げて網バットにとる。

揚げ揚げメモ

2素材のうち1品は味が濃いめのものを入れることと、歯ごたえがあるものを入れることを意識すると◎。香味野菜やみそ、マヨネーズ、マスタードなど、お好みでアクセントをつけても。

揚げ揚げメモ

ザ・つまみ的な組み合わせの２品を巻いてみました。ピータンやレバーペースト、クリームチーズなど、とろっとしたものとサクサクの皮のコントラストが楽しい！　紹興酒やワイン片手にどうぞ。

テンメンジャンがアクセント

ピータン×白髪ねぎ

材料（８本分）

ピータン　２個
長ねぎ　5cm
テンメンジャン　適量
春巻きの皮　４枚
★揚げ油　フライパンの底から 1cm

作り方

1　ピータンは１個を８等分のくし切りにする。長ねぎは白髪ねぎにする。
2　春巻きの皮は横半分に切って長方形にし、皮の手前にテンメンジャンをぬる。ピータンを２切れ並べて白髪ねぎをのせ、P.27 の「キャンディー巻き」を参考に具を巻く。
3　P.31 を参考に揚げる。

市販品を巻いて手軽に！

レバーペースト×クリームチーズ

材料（８本分）

レバーペースト　40g
クリームチーズ　40g
春巻きの皮　４枚
★揚げ油　フライパンの底から 1cm

作り方

1　春巻きの皮は横半分に切って長方形にし、皮の手前にレバーペーストをぬる。クリームチーズをちぎってのせ、P.27 の「キャンディー巻き」を参考に具を巻く。
2　P.31 を参考に揚げる。

揚げ揚げメモ

フルーツの春巻きも、ぜひ試していただきたい！　火が入ることでフルーツの甘みがぐっと増し、春巻きの皮の塩気とよく合います。キウイやぶどう、柿、梨などを巻くのもオススメです。

あまじょっぱさがたまらない！

いちご×生ハム

材料（8本分）

いちご　大4個
生ハム　2枚
黒こしょう　少々
春巻きの皮　4枚
★揚げ油　フライパンの底から1cm

作り方

1　いちごはへたをとり薄切り、生ハムは⅛の大きさになるよう長方形に切る。
2　春巻きの皮は横半分に切って長方形にし、生ハムを2枚並べる。いちごを3切れずつのせて黒こしょうをふり、P.27の「キャンディー巻き」を参考に具を巻く。
3　P.31を参考に揚げる。

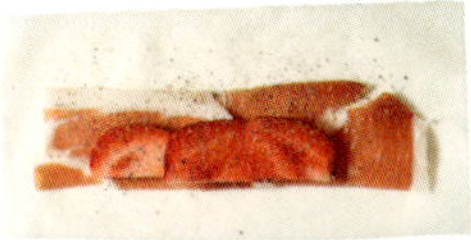

ほんのりはちみつがポイント

りんご×カッテージチーズ

材料（8本分）

りんご　½個
カッテージチーズ　80g
はちみつ　大さじ4
春巻きの皮　4枚
★揚げ油　フライパンの底から1cm

作り方

1　りんごは芯をとり、皮付きのまま薄切りにする。
2　春巻きの皮は横半分に切って長方形にし、りんごを並べる。カッテージチーズをのせてはちみつをたらし、P.27の「キャンディー巻き」を参考に具を巻く。
3　P.31を参考に揚げる。

具だくさん巻き

肉や魚は火が通ると水分が出て油がはねるため、
具に一度火を通してから巻くのが基本。
でも、「生のまま包めたら楽だよな〜」と始めたのがこちら。
素材を薄くして包み、なるべく短時間で揚げること。
揚げたら水分が出る前にすぐ食べるのがコツです。

とうもろこしの甘みがうれしい

鶏ひき肉×みょうが×とうもろこし

材料（8本分）

鶏ひき肉　300g
とうもろこし（ホール・小）　1缶
みょうが　2個
塩、こしょう　各少々
春巻きの皮　8枚
★揚げ油　フライパンの底から1cm

作り方

1　みょうがは縦に薄切りにする。ボウルに鶏ひき肉、とうもろこしを入れて練り、塩、こしょうを混ぜる。

2　春巻きの皮を角が手前になるようにして置き、なるべく薄くなるよう1の鶏肉をのせる。1のみょうがをのせ、P.27の「具だくさん巻き」を参考に具を巻く。

3　フライパンに油を高さ1cmほど入れて、中温*に熱する。2を入れて2分ほど揚げ、さい箸で裏返して1分ほど揚げて網バットにとる。

ピリ辛ザーサイをアクセントに

鶏むね肉×セロリ×ザーサイ

材料（8本分）

鶏むね肉　1枚（約300g）
セロリ　10cm
ザーサイ（薄切り）　40g
春巻きの皮　8枚
★揚げ油　フライパンの底から1cm

作り方

1　鶏むね肉は薄いそぎ切りにする。セロリは半分の長さに切り、縦に薄切りにする。

2　春巻きの皮を角が手前になるようにして置き、なるべく薄くなるよう鶏むね肉を並べる。セロリ、ザーサイをのせ、P.27の「具だくさん巻き」を参考に具を巻く。

3　フライパンに油を高さ1cmほど入れて、中温*に熱する。2を入れて2分ほど揚げ、さい箸で裏返して1分ほど揚げて網バットにとる。

揚げ揚げメモ

あっさりした鶏肉には、セロリやみょうがなど香味野菜を合わせて満足感アップ！　薄いそぎ切りのむね肉とひき肉は火が通りやすいので、具だくさん巻き向きのお肉です。ささみでもOK。

揚げ揚げメモ

「炒り卵を巻く」のは意外かもしれませんが、実は中国の餃子では一般的な具なのです。ふわふわの卵とサクサクの皮は相性よし！　温かいきゅうりも意外なおいしさなので、ぜひお試しを。

中国餃子の定番コンビ

炒り卵×長ねぎ×きゅうり

材料（8本分）

卵　2個

下味

- みりん　大さじ1
- 塩　少々

長ねぎ　10cm

きゅうり ½ 本

サラダ油　小さじ1

春巻きの皮　8枚

★ 揚げ油　フライパンの底から1cm

作り方

1　容器に卵を溶き、下味の材料を加える。フライパンに油を中火で熱し、卵を入れて炒り卵を作る（あまり混ぜずポロポロにしすぎない）。きゅうりは半分の長さに切って薄切り、長ねぎは斜め薄切りにする。

2　春巻きの皮を角が手前になるようにして置き、なるべく薄くなるよう **1** の炒り卵をのせる。きゅうり、長ねぎの順にのせ、P.27の「具だくさん巻き」を参考に具を巻く。

3　P.35を参考に揚げる。

揚げ揚げメモ

淡白な白身の魚も春巻きにするとボリュームアップ！　加熱しても香りが飛びにくいバジルのほか、しそなどを巻いてもおいしい。しいたけは、エリンギなどほかのキノコ類で代用してもOK。

バジルがふわっと香る

塩だら×バジル×しいたけ

材料（8本分）

塩だら　3切れ

しいたけ　4個

バジル　8〜10枚

春巻きの皮　8枚

★揚げ油　フライパンの底から1cm

作り方

1　塩だらは、薄いそぎ切りにする。しいたけは軸を取り、薄切りにする。バジルは大きければちぎる。

2　春巻きの皮を角が手前になるようにして置き、なるべく薄くなるよう1の塩だらをのせる。バジル、しいたけの順にのせ、P.27の「具だくさん巻き」を参考に具を巻く。

3　P.35を参考に揚げる。

揚げ揚げメモ

豚ひき肉に加える玉ねぎは、長ねぎや万能ねぎに代えても OK。食感と色のアクセントになる枝豆は、面倒だけど薄皮までむくと豆の緑色がキレイに出ますよ。

緑の枝豆の色合いが華やか

豚ひき肉×玉ねぎ×枝豆

材料（8本分）

豚ひき肉　300g
玉ねぎ　¼個
枝豆（冷凍・さやつきで）　60g
塩、こしょう　各少々
春巻きの皮　8枚
★ 揚げ油　フライパンの底から1cm

作り方

1　玉ねぎはみじん切りにする。枝豆は解凍して薄皮をとる。ボウルに豚ひき肉、玉ねぎ、枝豆を入れて練り、塩、こしょうを混ぜる。

2　春巻きの皮を角が手前になるようにして置き、なるべく薄くなるよう **1** をのせる。P.27 の「具だくさん巻き」を参考に具を巻く。

3　P.35 を参考に揚げる。

揚げ揚げメモ

ラム肉・トマト・チーズと相性抜群の組み合わせ。トマトの種は、油はねの原因となるのでしっかりとるのがコツ。チーズも溶け出しやすいので、揚げ時間を守って。

エキゾチックな組み合わせ

ラム肉×トマト×チーズ

材料（8本分）

ラム肉（薄切り）　300g
トマト　½個
スライスチーズ　4枚
塩、こしょう　各少々
春巻きの皮　8枚
★揚げ油　フライパンの底から1cm

作り方

1　トマトは種を取り、薄切りにする。チーズは半分に切る。

2　春巻きの皮を角が手前になるようにして置き、なるべく薄くなるようラム肉をのせて塩、こしょうをする。1のチーズ、トマトの順にのせ、P.27の「具だくさん巻き」を参考に具を巻く。

3　P.35を参考に揚げる。

「薄く」すれば揚げられる！

揚げ揚げコラム

「この形にしないと揚げてはいけない」。なぜか、そう思いこんでしまう揚げものがあります。たとえば、肉団子。たしかにイメージはピンポン玉のような真ん丸だけど、そこそこの量の揚げ油がいりますよね。「なるべく少ない油で肉団子を揚げたい……」そう思ったとき、「なんでも平べったくすればいけるんじゃない？」と思いつきました。もちろん完璧ではない。でもいける！

オススメは、平べったいがんも。「がんもなんてスーパーで売っているのに」と思うなかれ。自分で作った揚げたては、アツアツふわふわ……感動的なおいしさ。私が揚げものにハマった理由のひとつは、がんもといっても過言ではないかなあ。

フライパンに1センチの油でできる贅沢揚げもの、気軽にお試しを。

具は万能ねぎだけでOK

薄い肉団子

「団子」だけど丸くなくてもいいじゃん！
そんな気持ちで薄くしてみたら、
一気に揚げやすいお手軽おかずに。

材料（作りやすい量）

合いびき肉　200g
万能ねぎ　½束
下味
　片栗粉　大さじ2
　酒　大さじ1
　塩　小さじ½
★揚げ油　フライパンの底から1cm
しょうゆ、練りがらし　各適量

作り方

1　万能ねぎは小口切りにする。ボウルに合いびき肉、下味の材料を入れて練り混ぜてから、万能ねぎを加えて全体をまとめるように混ぜる。ピンポン玉大の大きさに丸めてから、つぶして平たくする。

2　フライパンに油を高さ1cmほど入れて、中温*に熱する。1を入れて2分ほど揚げ、さい箸で裏返して1分ほど揚げて網バットにとる。好みで、しょうゆ、練りがらしをつけていただく。

トンかつならぬトン天！

薄い豚天ぷら

豚肉を揚げるとおいしいのは、
おなじみのとんかつで実証済み。
天ぷら粉で揚げてみたら新たな味わいに！

材料（作りやすい量）

豚こま切れ肉　200g

下味

　酒、しょうゆ　各大さじ2

　おろししょうが　1かけ分

天ぷら粉　100g

水　160ml

パクチー　適宜

★揚げ油　フライパンの底から1cm

作り方

1　ポリ袋に豚肉、下味の材料を入れて軽くもみ、10分ほどおく。

2　ボウルにてんぷら粉を入れ、水を加えてよく溶き混ぜる。**1**を箸で1枚ずつ軽く広げながら入れ、ころもにくぐらせる。

3　フライパンに油を高さ1cmほど入れて、中温*に熱する。豚肉を入れて2分ほど揚げ、さい箸で裏返して1分ほど揚げて網バットにとる。器に盛り、食べやすくちぎったパクチーを添える。

そぎ切りがポイント！

薄い鮭南蛮

ごろごろとした具が印象的な南蛮漬け。
あえて鮭を薄切りにして揚げ、
野菜も一種にしたらシンプルで作りやすい！

材料（作りやすい量）

生鮭　4切れ

片栗粉　適宜

紫玉ねぎ　½個

漬け汁

　だし汁　2½カップ

　みりん、しょうゆ　各大さじ3

　レモン汁　1個分

　おろししょうが　1かけ分

★揚げ油　フライパンの底から1cm

作り方

1　鮭は薄いそぎ切りにして片栗粉をまぶす。紫玉ねぎは薄切りにする。漬け汁の材料を保存容器に混ぜ合わせる。

2　フライパンに油を高さ1cmほど入れて、中温*に熱する。**1**の鮭を入れて2分ほど揚げ、さい箸で裏返して1分ほど揚げる。油を軽く切り、熱いうちに紫玉ねぎとともに漬け汁に漬ける。

揚げたてはやみつきの味！

薄いがんも

水切りした豆腐に具を混ぜたら
ころもつけずに揚げるだけ！
薄くすればパンク知らずなのもうれしい。

材料（作りやすい量）

豆腐（木綿）　2丁
桜海老　15g
枝豆（冷凍・さやつきで）　200g
下味
- 卵　1個
- 片栗粉　大さじ3
- しょうゆ　小さじ2
- 塩　小さじ½

大根おろし、しょうゆ　各適宜
★揚げ油　フライパンの底から1cm

作り方

1　豆腐はペーパータオルで1丁ずつ包み、皿においてラップをせず3分ほど加熱する。豆腐の上に皿などの重しをおいて、20分以上しっかり水切りをする。

2　ボウルに1を手でつぶし入れ、桜海老、枝豆、下味の材料を入れて手でよく練り混ぜる。8等分して丸め、平たくつぶす。

3　フライパンに油を高さ1cmほど入れて、中温*に熱する。2を入れて2分ほど揚げ、さい箸で裏返して1分ほど揚げて網バットにとる。器に盛り、好みでしょうゆをかけた大根おろしを添える。

2章

「素揚げ」でなんでもおいしくなる!

揚げものといえば、面倒なころもをつけなくてはいけない…？
いえいえ、そんなことはありません。

油と揚げる食材さえあればＯＫ！

そんな「素揚げ」というすばらしい揚げものがあるのです。
素揚げに向いているのは、芋類や根菜類。
常温の油からじわじわ揚げることで上手に水分が抜け、
誰でも失敗なくカラッとほくっと揚がります。
（この方法なら油がはねにくいのもうれしい！）
一方で、なすやそば、卵など熱い油から揚げるのがよい素揚げも。
高温で一気に揚げることで余分な油を吸いこまず、
短時間でシャキッと揚がるのが特徴です。
どちらも素材の味をシンプルに楽しめる手軽な揚げもの。

ぜひ初心者さんこそ
素揚げから始めてみてくださいね！

冷たい油から揚げる

揚げ揚げメモ

じゃがいもが中途半端に余っている……そんなときこそ、1個からでも自家製フライドポテトを！　常温の油から揚げるだけで、失敗知らずな仕上がりです。もちろん余っていないときにもぜひ。

さめてもカリカリに感動！

基本のフライドポテト

材料（作りやすい量）

じゃがいも　食べたいだけ

⇒できればメークイン。男爵でもいいけど、メークインはでんぷんが少ないのでカラッと揚がる！

★揚げ油　じゃがいもがひたるくらい

塩　適量

作り方

1　じゃがいもの皮をむき、1cm太さの拍子木切りにして水にさらす。

2　1をざるにあげて水気をきり、フライパンに入れて常温の油をそそぐ（じゃがいもがひたるまで）。

3　火をつけて弱火にし、全体が泡立ってきたら揚げ網ですくって空気にふれさせつつ、カリッとするまでじっくり揚げる。油をきり、ボウルに入れて塩をふり全体にまぶす。

お店みたいなポテトが完成

ローズマリーにんにくポテト

材料（作りやすい量）

新じゃがいも　12個

にんにく　皮付きで4個

ローズマリー（生）　2枚

塩、こしょう　各適量

★揚げ油　じゃがいもがひたるくらい

作り方

1　じゃがいもは皮付きのまま半分に切り、水にさらす。にんにくは包丁の腹で皮ごとつぶす。

2　1のじゃがいもをざるにあげて水気をきり、にんにく、ローズマリーとともにフライパンに入れて常温の油をそそぐ（じゃがいもがひたるまで）。

3　火をつけて弱火にし、全体が泡立ってきたら揚げ網ですくって空気にふれさせつつ、カリッとするまでじっくり揚げる。竹串で刺してすっと通るようになったら網バットにあげる。ボウルに入れて塩、こしょうをふり、全体にまぶす。

〃揚げ揚げメモ

某レストランの看板メニューでしたが、今やいろいろなレストランで食べられるようになってうれしい！　というか、「家でもできるんじゃないの？」と試してみたら、それっぽいのができました！

揚げ揚げメモ

さつまいもやかぼちゃのような野菜を揚げると、さらにほっくりと甘みが増します。そこに、にんにくでパンチを効かせたヨーグルトを添えれば、やみつきなおいしさに。

野菜の甘みが引き出される！

さつまいもとかぼちゃの素揚げ ヨーグルトソース

材料（2人分）

さつまいも　1本

かぼちゃ　150g

ヨーグルトソース

- ヨーグルト（無糖）　50g
- 塩　ひとつまみ
- おろしにんにく　少々

パプリカパウダー（あれば）　少々

★揚げ油　さつまいもとかぼちゃがひたるくらい

作り方

1　さつまいもは皮付きのまま輪切りにして水にさらす。かぼちゃは皮付きのまま1cm厚さにして、食べやすく切る。ヨーグルトソースの材料を混ぜて器に入れ、パプリカパウダーをふる。

2　**1**のさつまいもをざるにあげて水気をきり、かぼちゃとともにフライパンに入れて常温の油をそそぐ（全体がひたるまで）。

3　火をつけて中火にし、全体が泡立ってきたら揚げ網ですくって空気にふれさせつつ、カリッとするまでじっくり揚げる。さつまいもを竹串で刺して、すっと通るようになったら網バットにあげる。器に盛り、ヨーグルトソースを添える。

しみじみうまい地味おかず

大根とにんじんの素揚げ おかかねぎじょうゆ

材料（作りやすい量）

大根　3cm

にんじん　1本

万能ねぎ　3本

かつおぶし　1袋（3g）

しょうゆ　小さじ1

★揚げ油　大根とにんじんがひたるくらい

揚げ揚げメモ

大根とにんじんを「揚げる」ことはあまりないと思うのですが、ぜひやってみてほしい！　根菜ならではの秘めたうまみが引き出され、なんとも滋味深い味わいになるのです。日本酒に合う！

作り方

1　大根とにんじんは皮をむき、1cm角に切る。万能ねぎは小口切りにする。

2　1の大根とにんじんをフライパンに入れて、常温の油をそそぐ（全体がひたるまで）。

3　火をつけて弱火にし、全体が泡立ってきたら揚げ網ですくって空気にふれさせつつ、カリッとするまでじっくり揚げる。竹串でにんじんを刺してすっと通るようになったら網バットにあげる。器に盛り、かつおぶし、1の万能ねぎ、しょうゆをかけていただく。

カリカリさくさくヘルシーおやつ

ごぼう山椒チップス

材料（作りやすい量）

ごぼう　食べたいだけ

塩、粉山椒　各適宜

★揚げ油　ごぼうがひたるくらい

作り方

1　ごぼうの皮を包丁の背でこそぎ、スライサーで斜め薄切りにして水にさらす。

2　1のごぼうをざるにあげて水気をきり、フライパンに入れて常温の油をそそぐ（全体がひたるまで）。

3　火をつけて中火にし、全体が泡立ってきたら揚げ網ですくって空気にふれさせつつ、カリッとするまでじっくり揚げる。ボウルに入れ、塩、粉山椒をふってまぶす。

アゲ 揚げ揚げメモ

たいていの根菜は揚げると野菜チップスになります（さつまいもとかれんこんとか…）。中でもオススメはごぼう。土臭さがいい感じに中和され、手が止まらないヘルシースナックに！

揚げ揚げメモ

ねっちりと揚がったれんこんと里芋は、塩だけで食べても最高！　さらに濃厚なアボカドディップを添えると「同じ食感同士の相性のよさ」を感じられるはずです。

濃厚ディップがぴったり！

れんこんと里芋の素揚げ アボカドディップ添え

材料（2人分）

れんこん　200g
里芋　3～4個
塩　少々
アボカドディップ
　アボカド　½個
　レモン汁　½個分
　オリーブオイル　大さじ½
　塩、こしょう　各少々
　おろしにんにく、タバスコ（好みで）　各適宜
★揚げ油　れんこんと里芋がひたるくらい

作り方

1　れんこんは皮付きのまま乱切りにして、水にさらす。里芋は皮をむき、大きめであればひと口大に切る。ボウルにアボカドを入れてフォークでつぶし、ほかのアボカドディップの材料を混ぜて器に盛る。

2　**1**のれんこんと里芋をフライパンに入れて、常温の油をそそぐ（全体がひたるまで）。

3　火をつけて弱火にし、全体が泡立ってきたら揚げ網ですくって空気にふれさせつつ、カリッとするまでじっくり揚げる。竹串で里芋を刺してすっと通るようになったら網バットにあげる。器に盛って塩をふり、アボカドディップを添えていただく。

熱い油から揚げる

ナナ 揚げ揚げメモ

「量が多いわ〜」と思わず、ぜひたっぷり作ってほしい！　丸ごと揚げたなすならではのとろける果肉にだし汁がしみて、あっという間になくなるおいしさです。そのまま薬味をのせておつまみにするのはもちろん、冷たい汁ごとそうめんにかけたり、豚しゃぶと合わせたりしても最高！　漬け汁が面倒ならめんつゆでも可なのでぜひー。

キングオブ揚げ野菜！

揚げなすのだしびたし

材料（作りやすい量）

なす　9本

漬け汁

- だし汁　2カップ
- しょうゆ　大さじ4
- みりん　大さじ4
- 塩　小さじ1
- おろししょうが　1かけ分

★ 揚げ油　フライパンの底から3cm

作り方

1　なすはへたをとり、表面と裏面に2mm幅で斜めに切り込みをいれる（揚げている間の爆発を防ぎます）。保存容器に漬け汁の材料を合わせる。

2　フライパンに油を高さ3cmほど入れて、中温*に熱する。1 のなすを入れて2分ほど揚げ、さい箸で転がしながらさらに2分ほど揚げたら熱いうちに漬け汁に漬ける。30分以上漬けてからいただくと味がしみておいしい。

揚げ揚げメモ

ズッキーニも、なす同様に揚げると身がとろりとする野菜。洋風の料理で使われることが多いのですが、ごまやみそなど和風調味料とも相性抜群です。揚げたものを白和えにしてもうまい！

日本酒にぴったり合う

揚げズッキーニのごまみそのせ

材料（2人分）

ズッキーニ　1本

ごまみそ

- すりごま　大さじ1
- みそ　大さじ1
- 砂糖　小さじ1
- 水　適宜

いりごま　適宜

★ 揚げ油　フライパンの底から1cm

作り方

1　ズッキーニを1cm厚さに切る。ごまみその材料を合わせておく。加える水はみその硬さによって加減する（ズッキーニにぬりやすいくらいの硬さに！）。

2　フライパンに油を高さ1cmほど入れて、中温*に熱する。ズッキーニを入れて1分ほど揚げ、箸で裏返して1分ほど揚げたら網バットにあげる。器に並べ、ごまみそをぬり、いりごまをふる。

揚げ揚げメモ

そば屋のつまみなどで出てくる揚げそば。ただ揚げるだけですが、ビールに合って手が止まらない！　粉チーズやカレー粉をかけてもおいしいし、スパゲティの乾麺でも同様にできますよ。

ポリポリつまめる和風スナック

七味揚げそば

材料（作りやすい量）

そば（乾麺）　食べたいだけ

塩、七味　各適宜

★揚げ油　フライパンの底から2cm

作り方

1　フライパンに油を高さ2cmほど入れて、中温*に熱する。そばを乾麺のまま入れて1分ほど揚げ（**a**）、さい箸で裏返して1分ほど揚げたら網バットにあげる。

2　塩、七味をふって全体を混ぜ、器に盛る。

a

とろりと黄身をくずしてどうぞ!

揚げ卵のおろしどんぶり

材料（1人分）

卵　1個
しそ　1枚
大根おろし、しょうゆ　各適宜
温かいごはん　1杯分
★揚げ油　フライパンの底から2cm

作り方

1　小さめの容器に卵を割り入れる。

2　フライパンに油を高さ2cmほど入れて中温*に熱し、端のほうに**1**をそっと流しいれる。白身がしゅわしゅわとかたまってきたら、網じゃくしとさい箸で黄身を包むように白身をかぶせる。30秒ほど揚げたら裏返し、10秒揚げて網バットにあげる。

3　器にごはんを盛り、**2**、しそ、大根おろしをのせ、しょうゆをかける。

揚げ揚げメモ

油で揚げた卵は、目玉焼きでは得られないぷっくり具合！　面倒でも、一度器に割り入れてから油に落としたほうが失敗しません。ひっくり返すときは黄身がやぶけないよう気を付けて。

素揚げの油は二度使える！

揚げ揚げコラム

「一度使った揚げ油は容赦なく捨てろ！」としつこく言い続けてきたのですが、一部例外があります。それは、「素揚げ」に使った油！

揚げ油の汚れ具合は、ころもの種類によって大きく異なります。一番汚れるのは、から揚げなど粉を直接はたくタイプのころも。これは、見た目でもわかるほど汚れて、においもがっつりつくのでアウト。フライや天ぷらも、なるべく一度使ったらおしまず捨てるのがベターです。

しかし、素揚げに使った油は意外と汚れません。とくに野菜系。これを捨てるのはしのびない……ということであれば、もう一度だけ使いましょう！　二度目にオススメの、揚げもの以外での使い方をご紹介します（もちろん揚げものに使ってもOK）。

ほろっとやわらかな食感に

クミン風味のごぼうコンフィ

おどろくほどごぼうがやわらかくなり、
うまみが増します。食べるときは、しょうゆを
チラリとかけたりアンチョビをのせてもおいしい。

材料（作りやすい量）

ごぼう　2本

クミン　小さじ1

塩　小さじ½

★揚げ油（素揚げに使用したもの）　適量

作り方

1　ごぼうはたわしで洗って泥を落とし、4cm長さに切る。鍋に入れてたっぷりの水を加え、強火にかける。沸騰したら1分ほどゆでてざるにあげる。

2　鍋に**1**、クミン、塩を入れて、油を材料がひたるくらいまでそそぎ中火にかける。

3　鍋底からフツフツと泡立ってきたらごく弱火にし40～50分ほど煮こむ。冷蔵庫で2週間ほど保存可。

コンフィで使う

食材をひたひたの油に入れて、
低温で加熱する「油煮」がコンフィ。
長時間じっくり火を入れることで
食材がやわらかくなります。

おつまみにも常備したい

砂肝と花椒のコンフィ

やみつきになるふわふわの歯ごたえ！
ピリリと花椒の辛みがアクセントです。
オイルごとパスタソースにしてもぴったり。

材料（作りやすい量）

砂肝　600g
花椒（または粒黒こしょう）　大さじ1
塩　小さじ2
★揚げ油（素揚げに使用したもの）　適量

作り方

1　砂肝は2つに切り分け、厚い部分に3カ所ほど切り込みを入れる。ポリ袋に入れて塩を加え、もみこんで冷蔵庫で半日ほどおく。

2　厚手の鍋に**1**、花椒を入れて、油を材料がひたるくらいまでそそぎ中火にかける。

3　鍋底からフツフツと泡立ってきたらごく弱火にし40分ほど煮こむ。花椒を加えてさらに20分ほど煮こむ。冷蔵庫で2週間ほど保存可。

アヒージョで使う

にんにくや唐辛子でオイルに
風味を加えるアヒージョ。
本来はオリーブオイルで作りますが、
揚げ油でも十分おいしくできます。

好きな具でアレンジ自在！

アヒージョ
（牡蠣／マッシュルーム）

牡蠣のほか海老、タコ、しいたけ、
アスパラなどお好きなもので。
うずらの卵や、かにかまで作るのもオススメ！

材料（2人分）

むき牡蠣（加熱用）　8粒
　またはマッシュルーム　6個
にんにく　1かけ
赤唐辛子　1本
塩　小さじ½
好みのハーブ　適量
★揚げ油（素揚げに使用したもの）　適量

作り方

1　牡蠣、またはマッシュルームはよく水洗いしてキッチンペーパーで水気をふく。にんにくは皮をむいてつぶす。

2　小さめのフライパンに油を1cmほど入れ、にんにく、唐辛子、塩を加えて弱火にかける。

3　ふつふつと沸いてきたら牡蠣、またはマッシュルームを加えて3～4分煮て、好みのハーブをふる。

甘みを最大限に引き出せる

パプリカのオイル漬け

酢を加えないシンプルな味つけに。
真っ黒にこげるまで焼くのがポイント！
サンドイッチの具にしてもカラフルでかわいい。

材料（作りやすい量）

パプリカ（赤・黄）　各1個ずつ
塩　小さじ½
ローズマリー　1枝
★揚げ油（素揚げに使用したもの）　適量

作り方

1　コンロに直接パプリカをのせて直火にかけ、転がしながら全体が真っ黒にこげるまで焼く。すぐにアルミホイルで包み、冷めるまでおく。

2　1の皮をむいて縦8等分に切り、密閉容器に入れる。塩、ローズマリー、油をひたひたまでそそぐ。冷蔵庫で1週間ほど保存可。

オイル漬けで使う

オイルに漬けることで空気にふれず
保存性が高まるほか、
コクがアップします。作っておけば
サラダや小鉢などに大活躍！

一度作るとハマる新食感！

塩豆腐の実山椒オイル漬け

居酒屋で食べて感動した味を再現。
まるでチーズのような歯ごたえに！
そのままはもちろん、つぶして白和えのころもにしても。

材料（作りやすい量）

豆腐（木綿）　1丁
塩　小さじ½
実山椒（柚子こしょう小さじ1でも）
　大さじ2
★揚げ油（素揚げに使用したもの）　適量

作り方

1　豆腐はキッチンペーパーに包んで皿に置き、電子レンジで4分ほど加熱する。豆腐の上にも皿を置いて重しをし、粗熱がとれるまでおく。

2　密閉容器に並べ入れ、実山椒、塩を加え、油をひたひたまでそそぐ。冷蔵庫で1週間ほど保存可。

3章

「オススメころも」で失敗なく揚げる！

家で作る揚げもののだいご味は、
なんといっても〈揚げもの四天王〉を味わうことでしょう。
その4種とは、

「から揚げ」「天ぷら」「フリット」「フライ」！

それぞれ、まとうころもは異なりつつも、揚げたては本当に格別。
お店のように作るにはいくつかコツがありますが、
それさえクリアすれば衝撃的においしい揚げものが食べられます。
（この本では基本のキと、その「いくつかのコツ」をしつこめにご紹介します！）

「今日は揚げものするぞー！」
という気合いが入ったとき、

ぜひ油もたっぷり用意して、揚げものと思い切り向き合ってほしい。
そして、何度かそんなときを過ごすことで、
いつの間にか揚げものとの距離が縮まっていくのを感じるはずです。

から揚げ

みんなが永遠に大好きな揚げもの…… それは鶏のから揚げ！
そういえば、から揚げが嫌いな男子って会ったことがないなあ。
もちろん私も大好物ですが、ポイントはころも。
薄力粉、片栗粉、卵の配合を変えた３種のころもを使い分けることで、
まったく違う食感のから揚げが楽しめます。

揚げ揚げメモ

薄力粉と片栗粉を混ぜたころもは、薄力粉＝ふわっと感、片栗粉＝パリッと感のいいとこどり！　冷めてもバランスのいい食感を保てるのでお弁当にぴったり。

薄力粉＋片栗粉ころも

いくつでも食べられるあっさり味

鶏の塩から揚げ

材料（3～4人分）

鶏もも肉2枚（約700g）

下味

- 酒　大さじ2
- 塩　大さじ½
- 玉ねぎのすりおろし　¼個分
- おろしにんにく　1かけ分

ポイント⇒しょうゆバージョンの場合は、塩の代わりにしょうゆ（大さじ4）と、ほかは同じ下味の材料を混ぜる。おろし玉ねぎは肉をやわらかくします。

ころも

- 薄力粉　大さじ3
- 片栗粉　大さじ5

★ 揚げ油　フライパンの底から3cm

作り方

1　鶏もも肉はひと口大に切り、ポリ袋に入れる。下味の材料を加え、手で全体を軽くもんで15分以上おく。

2　**1**にころもの材料を薄力粉、片栗粉の順に、そのつど混ぜながら加える。

3　フライパンに油を高さ3cmほど入れて中温*に熱する。鶏肉の皮を広げて、ひとつずつくっつかないように油に入れる。

4　鶏肉のまわりがかたまってきたら、ときどき網じゃくしですくいながら、空気にふれさせるようにして5～6分揚げる。

ポイント
一晩おいても大丈夫なので、
前の晩から用意しておくとラク！

ポイント
ちょっと面倒くさいけど、
ちゃんと広げて入れることで
「皮がぐにゃっとする」のを回避！

1

2

3

4

ポイント
先に薄力粉を加えて水分となじませ、
後で片栗粉を加えることで表面が
カリカリに仕上がります！

ポイント
まわりがかたまらないうちは、
むやみにさわらない。
空気にふれることで、
パリッと揚がります。

薄力粉＋片栗粉ころも

ハナコ母から受け継いだ味！

香味だれ鶏から揚げ

材料（4人分）

鶏もも肉2枚（約700g）

下味

- 酒　大さじ2
- 塩　ひとつまみ

ころも

- 薄力粉　大さじ3
- 片栗粉　大さじ5

香味だれ

- 長ねぎのみじん切り　½本分
- パクチーの茎みじん切り　1把分
- しょうゆ　大さじ3
- 砂糖　大さじ2
- 酢　大さじ2
- ごま油　小さじ1

パクチーの葉　1把分

★揚げ油　フライパンの底から3cm

作り方

1　鶏もも肉はひと口大に切り、ポリ袋に入れる。下味の材料を加え、手で全体を軽くもんで15分以上おく。ボウルに香味だれの材料を混ぜ合わせる。

2　1のポリ袋にころもの材料を薄力粉、片栗粉の順に、そのつど混ぜながら加える。

3　フライパンに油を高さ3cmほど入れて中温*に熱する。鶏肉の皮を広げて、ひとつずつくっつかないように油に入れる。鶏肉のまわりがかたまってきたら、網じゃくしですくいながら空気にあてるようにして5〜6分揚げる。器に盛り、香味だれをかけてパクチーの葉をのせる。

揚げ揚げメモ

香味だれには、万能ねぎ、しそ、みょうが、ミントなどお好きなものを入れてOK！　豚肉や白身魚を同様に揚げたものにかけてもおいしいですよー。

揚げ揚げメモ

しょうゆやみりんで下味をつけて、片栗粉だけのころもで揚げたものが「竜田揚げ」。片栗粉だけのころもは表面が白く粉をふいたようになるのが特徴。たっぷり粉をまぶして揚げるべし！

片栗粉だけころも

あっさりむね肉にしょうがを利かせて

鶏の竜田揚げ

材料（4 人分）

鶏むね肉 2 枚（約700g）

下味

- しょうゆ　大さじ4
- 酒　大さじ2
- みりん　大さじ2
- おろししょうが　2かけ分

片栗粉　大さじ7～8

ししとう、カットレモン　各適宜

★揚げ油　フライパンの底から 3cm

作り方

1　鶏むね肉は皮を取り（好きな方は皮付きでも！）、斜めそぎ切りにしてポリ袋に入れる。下味の材料を加え、手で全体を軽くもんで 15 分以上おく。ししとうはパンクしないように包丁で 1 カ所に切れ目を入れる。

2　1 のポリ袋に片栗粉を加えて全体にまぶす。

3　フライパンに油を高さ 3cm ほど入れて中温*に熱し、ひとつずつくっつかないように油に入れる。鶏肉のまわりがかたまってきたら、網じゃくしですくいながら空気にあてるようにして 5～6 分揚げる。ししとうも 1 分ほど揚げて鶏肉と器に盛り、レモンを添える。

片栗粉だけころも

レモンナンプラーだれが決め手！

エスニックから揚げの葉っぱ巻き

材料（4人分）

鶏むね肉2枚（約700g）

下味

- 酒　大さじ2
- ナンプラー大さじ2
- おろしにんにく　1かけ分

片栗粉　大さじ7～8

レモンナンプラーだれ

- レモン汁　½個分
- ナンプラー　大さじ1
- 砂糖　小さじ1
- 赤唐辛子の輪切り　2～3本分

好みの葉野菜（フリルレタス、しそ、ディル、ミントなど）　適宜

★揚げ油　フライパンの底から3cm

作り方

1　鶏むね肉は皮を取り（好きな方は皮付きでも！）、スティック状になるように切ってポリ袋に入れる。下味の材料を加え、手で全体を軽くもんで15分以上おく。器にレモンナンプラーだれの材料を合わせる。

2　**1**のポリ袋に片栗粉を加えて全体にまぶす。

3　フライパンに油を高さ3cmほど入れて中温*に熱し、ひとつずつくっつかないように油に入れる。鶏肉のまわりがかたまってきたら、網じゃくしですくいながら空気にあてるようにして5～6分揚げる。器に盛り、葉野菜とたれを添えて、葉野菜でから揚げを巻いてたれをつけながらいただく。

カノ揚げ揚げメモ

ビールにぴったりなエスニックバージョン！　もも肉で作ってもよいのですが、あっさりしたむね肉がよく合います。

薄力粉＋片栗粉ころも＋卵ころも

具は鶏肉だけのいさぎよさ！

黒酢あん酢鶏

材料（4人分）

鶏もも肉2枚（約700g）

下味

- 酒　大さじ2
- しょうゆ　大さじ1
- おろししょうが　1かけ分

ころも

- 片栗粉　大さじ2
- 薄力粉　大さじ3
- 卵1個

黒酢あん

- 黒酢　大さじ2
- 酒　大さじ1
- しょうゆ　大さじ1
- 砂糖　大さじ1
- 水　大さじ3

片栗粉　小さじ½（水＜小さじ1＞で溶く）

白髪ねぎ　適宜

★ 揚げ油　フライパンの底から3cm

作り方

1　鶏もも肉はひと口大に切り、ポリ袋に入れる。下味の材料を加え、手で全体を軽くもんで15分以上おく。ボウルにころもの材料を入れて手（混ざりやすいのでオススメ）か泡立て器で合わせる（生地を手に取って持ち上げると、とろりと落ちてくるくらいが硬さの目安）。鶏肉をころものボウルに入れて、全体にまぶす。

2　フライパンに油を高さ3cmほど入れて中温*に熱し、ひとつずつくっつかないように油に入れる。鶏肉のまわりがかたまってきたら、網じゃくしですくいながら空気にあてるようにして5～6分揚げて網バットにあげる。

3　別のフライパンに黒酢あんの材料を入れて中火にかけ、沸いたら火を止めて水溶き片栗粉を加えてとろみをつける。から揚げを入れてあんをからませ（a）、器に盛って白髪ねぎをのせる。

a

揚げ揚げメモ

卵を加えたころもは、ふわっとやわらかな食感に仕上がるのが特徴。にんじんや玉ねぎなどの具を入れない肉だけの北京風黒酢あん酢豚も、鶏肉で作るとぐっと身近な印象に！

揚げ揚げメモ

丸ごと1枚の鶏もも肉を、ドーンと揚げて作る大迫力のチキン南蛮。らっきょう入りのタルタルソースはちょっと甘めなので、苦手な方は玉ねぎのみじん切り（¼個分）に代えてもOK。

薄力粉＋片栗粉ころも＋卵ころも

ふわふわころもで1枚丸ごと揚げ！

チキン南蛮

材料（3～4人分）

鶏もも肉（大）　1枚（約400g）

下味

- 酒　大さじ2
- しょうゆ　大さじ2

ころも

- 片栗粉　大さじ2
- 薄力粉　大さじ3
- 卵1個

キャベツのせん切り、カットレモン　各適宜

タルタルソース（下記参照）　適宜

★揚げ油　フライパンの底から3cm

作り方

1　鶏もも肉はポリ袋に入れて下味の材料を加え、手で全体を軽くもんで15分以上おく。ボウルにころもの材料を入れて手（混ざりやすいのでオススメ）か泡立て器で合わせる（生地を手に取って持ち上げると、とろりと落ちてくるくらいが硬さの目安）。鶏肉をころものボウルに入れて、全体にまぶす。

2　フライパンに油を高さ3cmほど入れて中温*に熱し、鶏肉を入れる。5～6分さわらずに揚げたら、トングなどで裏返してさらに5～6分揚げる。粗熱がとれたら食べやすい大きさに切る。

3　キャベツをしいた器にから揚げをのせ、カットレモンを添えてタルタルソースをつけていただく。

らっきょうとみょうがのタルタルソース

材料（作りやすい量）

ゆで卵　2個

らっきょう漬け（市販）　40g

みょうが　3個

マヨネーズ　大さじ5

酢　大さじ1

しょうゆ　小さじ1

作り方

ゆで卵、みょうが、らっきょうはみじん切りにする。すべての材料をボウルに入れて混ぜる。

天ぷら

天ぷらは難しいと思っていませんか？
いやいや違うのです。天ぷらこそ、揚げもの初心者の味方！
「天ぷら粉」という日本人の開発力の結晶を使えば、
誰もが絶対においしい天ぷらを揚げられます。
まず揚げものは、ここから始めてみて！

揚げ揚げメモ

天ぷら粉を知って何が幸せかといえば、自宅で冷たいそばと揚げたての天ぷらを味わえること！「週末のお昼に乾麺のそばをゆでて冷水できりっとしめ、わきには薬味をどっさりと。食べたい具をてんぷら粉でじゃんじゃん揚げたら、冷たいビールをプシュッと開けてのんびりいただく……」。漫画家の安彦麻理絵先生は作品内で「平和の象徴の風景」と仰っていましたが、まったくその通りだと思う。

お店のような仕上がりにおどろき！

基本の天ぷら

材料（2人分）

海老　6尾

⇒基本はブラックタイガー。身がしっかりしていて天ぷら向き。またはお手頃価格な殻付きパナメイ海老でもOK。むき海老は個人的には、あまりおいしくない気がするのであくまでも殻付きがオススメ！

れんこん 2cm分

まいたけ　1パック分

ししとう　4本

天ぷらころも

- 天ぷら粉　100g
- 水　160ml

★揚げ油　フライパンの底から3cm

具の下準備

・海老は尻尾を残して殻をむく。包丁で背側を開き、黒い糸のような背ワタをとる。酒（大さじ2）、塩（小さじ½）をまぶす。

・れんこんは皮付きのまま5mm厚さに切る。

・まいたけはひと口大にほぐす。

・ししとうはパンクしないように1カ所に切り込みをいれる。

作り方

1　天ぷら粉と水を、袋に書いてある分量通り計量する。

2　ボウルの粉に水を混ぜていく。最初は50mlずつくらい加え、泡立て器でなめらかになるまで混ぜる。

3　フライパンに油を高さ3cmほど入れて中温に熱する。さい箸の先に衣をつけて油に落とし、底に一度ついてすぐにしゅわっと上がってきたら適温。

4　具を天ぷらころもにくぐらせ、くっつかないように油に入れていく。一度に入れすぎると温度が下がり、カリッと揚がらないので、空間に少し余裕がある程度に。海老、れんこんは2分、まいたけ、ししとうは1分が目安。ころもがカリッとしてきたら揚げ上がり。

5　2巡目にいく前に天かすを網じゃくしでとる。

ポイント

初心者で失敗する人は、たいてい目分量。
まずは基本を覚えましょう。メーカーによって
分量が異なる場合があるので、袋の指示に従って。

ポイント

なかなか上がってこないと
低温すぎるし、
すぐに散ってしまうと高温すぎ！

1

2

3

4

ポイント

昔は「粉が残るくらい」と
言われていましたが、
天ぷら粉はがっつり混ぜても大丈夫！

ポイント

基本は硬いものから
揚げていきますが、どうしても
アツアツで食べたいものが
あればラストに回すなど
事前に揚げ順を決めておきます。

5

ポイント

天かすを放っておくとこげていき、
２巡目の天ぷらの色がまだらに……。
必ずすくいましょう。

天ぷら粉のこと：薄力粉にでんぷん、卵黄粉、ベーキングパウダーなどをブレンドした製品。昔は「天ぷらを揚げるには難しい技術が必要」と言われていましたが、天ぷら粉は誰が揚げてもサクッと揚がるよう改良されています（なんてすばらしい…）。いろいろな料理研究家さんも「もう家で揚げる天ぷらは天ぷら粉でいいのでは」と言っているくらいなので、初心者さんは必携！

常備食材でササッと作れる

にんじんととうもろこしのかき揚げ

材料（2人分）

にんじん（小）　1本
とうもろこし（ホール・小）　1缶
天ぷらころも
｜天ぷら粉　100g
｜水　160ml
塩、カレー粉　各適量
★揚げ油　フライパンの底から3cm

作り方

1　にんじんはせん切りにする。ボウルに天ぷら粉を入れて水を加え、なめらかになるまで泡立て器で混ぜる。

2　**1**のにんじん、とうもろこしを天ぷらころもに加える。

3　フライパンに油を高さ3cmほど入れて、中温*に熱する。スプーンで生地を一口大に取り、もう1本のスプーン（またはさい箸）で油に落とし入れる。さい箸で転がしながらカリッとするまで3～4分揚げ、塩とカレー粉を添える。

ほろ苦さが大人の味

セロリとハムのかき揚げ

材料（2人分）

セロリ　½本
ハム　2枚
天ぷらころも
｜天ぷら粉　100g
｜水　160ml
塩　適量
★揚げ油　フライパンの底から3cm

a

作り方

1　セロリ、ハムはせん切りにする。ボウルに天ぷら粉を入れて水を加え、なめらかになるまで泡立て器で混ぜる。

2　**1**のセロリ、ハムを天ぷらころもに加える。

3　フライパンに油を高さ3cmほど入れて、中温*に熱する。スプーンで生地を一口大に取り、もう1本のスプーン（またはさい箸）で油に落とし入れる。さい箸で転がしながらカリッとするまで3～4分揚げ（a）、塩をふる。

揚げ揚げメモ

「おそばのお供にかき揚げを作りたいけど具材がない！」というとき、登場頻度が高いのが台所に転がっているにんじん（あと玉ねぎ！）。水分が少ないので揚げやすく、初心者向き。

揚げ揚げメモ

セロリのように香りの強い野菜は、天ぷらにしても風味が変わらずかき揚げにぴったり。生で食べることの多い野菜ですが、好きな食材とまとめてかき揚げにすると新たなおいしさ！

揚げ揚げメモ

沖縄でよく食べられる「もずくの天ぷら」。初めて食べたときには「なんじゃこりゃ…」と思うビジュアルでしたが、食べると独特の磯の香りでハマりました。じゃこを加えて、うまみアップ！

沖縄料理の定番をアレンジ

もずくとじゃこのかき揚げ

材料（2人分）

生もずく　200g
ちりめんじゃこ　大さじ2
天ぷらころも
　天ぷら粉　100g
　水　160ml
粉山椒、塩　各適量
★揚げ油　フライパンの底から3cm

作り方

1　ボウルに天ぷら粉を入れて水を加え、なめらかになるまで泡立て器で混ぜる。塩と粉山椒を混ぜ合わせておく。

2　生もずく、ちりめんじゃこを天ぷらころもに加える。

3　フライパンに油を高さ3cmほど入れて、中温*に熱する。スプーンで生地を一口大に取り、もう1本のスプーン（またはさい箸）で油に落とし入れる（**a**）。さい箸で転がしながらカリッとするまで3〜4分揚げ、器に盛って山椒塩を添える。

揚げ揚げメモ

そら豆と桜海老は出会いもの。冷凍のそら豆でも作れますが、ぜひ春にはフレッシュなもので作ってみてほしい！ そら豆以外にも枝豆、ひよこ豆など豆類はかき揚げに向いています。

ほっくり食感がたまらない

そら豆と桜海老のかき揚げ

材料（2人分）

そら豆（生の場合はゆでる。
　冷凍の場合は解凍する）　200g
桜海老　大さじ2
天ぷらころも
　天ぷら粉　100g
　水　160ml
塩　適量
★揚げ油　フライパンの底から3cm

作り方

1　そら豆は皮をむく。ボウルに天ぷら粉を入れて水を加え、なめらかになるまで泡だて器で混ぜる。

2　1のそら豆、桜海老を天ぷらころもに加える。

3　フライパンに油を高さ3cmほど入れて、中温*に熱する。スプーンで生地を一口大に取り、もう1本のスプーン（またはさい箸）で油に落とし入れる。さい箸で転がしながらカリッとするまで3～4分揚げ、器に盛って塩をふる。

炭酸水フリット

炭酸水と薄力粉だけでカリカリのフリットができちゃいます！
あるときイタリア料理のシェフに
「フリットって卵白を泡立てるのが面倒ですよね」と言ったら、
「イタリアのマンマは、そんな面倒なことしないよ〜」と言われて
目からウロコ。そのとき教えてもらった秘密のレシピです。

〃 揚げ揚げメモ

フリットといえば魚介類が定番ですが、試してほしいのは断然玉ねぎ！「モ○バーガー」風に厚めに切って揚げるのもよし、5mm幅で薄めに軽く揚げるもよし……。たかが玉ねぎなのに、泡やビールに合いすぎる絶品おつまみになりますよー。

ビールが止まらん！

オニオンリング

材料（作りやすい量）

玉ねぎ（大）　1個

フリットころも

｜薄力粉　大さじ4

｜炭酸水（無糖）　¼カップ

薄力粉　適量

塩　適量

★揚げ油　フライパンの底から3cm

作り方

1　玉ねぎを5mm幅の輪切りにして、輪をひとつずつはずしてから薄力粉をまぶしつける。

2　ボウルに薄力粉を入れ、炭酸水を少しずつ加えて泡立て器で混ぜ合わせ、フリットころもを作る。

3　フライパンに油を高さ3cmほど入れて、中温*に熱する。**1**をフリットころもにくぐらせ、くっつかないように油へ入れる。さい箸で転がしながら、ころもがカリッとするまで1〜2分揚げ、塩をふって器に盛る。

ポイント

厚さは好みなので、1cmくらいまで厚くしてもOK! 面倒でも薄力粉をまぶすことで、ころもがはがれづらくなります。

ポイント

のんびりやりすぎると、生地をふくらませてくれる泡が消えちゃう！なめらかになるまでキビキビ混ぜましょう。

1

2

3

ポイント

フリットは揚げ油が少なすぎると、ふわっとふくらみません！ここはケチらず「底から3cm」を守って。油に入れてすぐにさわるとはがれやすいので、20秒ほどしてころもがかたまってきてから裏返すこと。

揚げ揚げメモ

フリットといえば「フィッシュ&チップス」。もちろんたらも、このころもにぴったりです。ポテトフライではなく、長いもにころもを付けて揚げたら、ちょっと和風の「フィッシュ&チップス」に。

ちょっと和風の組み合わせ

たらと長いものフリット

材料（2人分）

塩だら（真だらでも OK）　2切れ
長いも　5cm
フリットころも
- 薄力粉　大さじ4
- 炭酸水（無糖）　¼カップ

薄力粉、塩、カットレモン　各適量
★揚げ油　フライパンの底から3cm

作り方

1　たらはひと口大のそぎ切り、長いもは皮をむいてひと口大に切る。ボウルに薄力粉を入れ、炭酸水を少しずつ加えて泡立て器で混ぜ合わせ、フリットころもを作る。

2　フライパンに油を高さ3cmほど入れて、中温*に熱する。1のたらと長いもに薄力粉をまぶしてからフリットころもにくぐらせ、くっつかないよう油に落とし入れる。さい箸で転がしながらカリッとするまで3〜4分揚げ、塩をふって器にレモンと盛る。

揚げ揚げメモ

カリッとふわふわのころもに桜海老とディルをたっぷりと加えます。普段はわき役の2素材ですが、フリットころもに混ぜれば十分主役をはれる存在感！　バジルやしそでもおいしい！

ハーブの香りがアクセント

桜海老とディルのフリット

材料（2人分）

桜海老　大さじ3

ディル　1束

フリットころも

- 薄力粉　大さじ4
- 炭酸水（無糖）　¼カップ

塩　各適量

★揚げ油　フライパンの底から3cm

作り方

1　ディルは葉と茎を1cm長さに切る。ボウルに薄力粉を入れ、炭酸水を少しずつ加えて泡立て器で混ぜ合わせ、フリットころもを作る。

2　**1**のディル、桜海老をフリットころもに加える。

3　フライパンに油を高さ3cmほど入れて、中温*に熱する。スプーンで生地を一口大に取り、もう1本のスプーン（またはさい箸）で油に落とし入れる。さい箸で転がしながらカリッとするまで2～3分揚げ、塩をふる。

ほどよい塩気でワインに合う

オクラの生ハム巻きフリット

材料（2人分）

オクラ　8本

生ハム　4枚

フリットころも

| 薄力粉　大さじ4

| 炭酸水（無糖）　¼カップ

★ 揚げ油　フライパンの底から3cm

作り方

1　オクラはへたを切り落とし、半分に切った生ハムで巻く。ボウルに薄力粉を入れ、炭酸水を少しずつ加えて泡立て器で混ぜ合わせ、フリットころもを作る。

2　フライパンに油を高さ3cmほど入れて、中温*に熱する。**1**のオクラを、フリットころもにくぐらせてから、くっつかないよう油に落とし入れる。さい箸で転がしながらカリッとするまで2～3分揚げる。

揚げ揚げメモ

切り口もかわいいフリット。おつまみはもちろん、お弁当にもオススメです。オクラの代わりにプチトマトやアスパラでもOK。塩気の強い生ハムが、よいアクセントになりますよ！

フライ

フライはお店で食べるもの？　いえいえ！
フライこそ、自宅で作ってほしい揚げものです。
ころもをつける工程がほかの揚げものに比べて若干複雑ですが、
その見返りがあるのがフライ。
ぜひ腕まくりして、ここぞというときにチャレンジしてみて！

揚げ揚げメモ

身はしっとり、ころもはサクサク……自宅での揚げたてのアジフライでしか味わえない幸せをぜひ！　ポイントはバッターミックス。面倒そうでも、これを作るだけで「お店みたい！」と感動の仕上がりに。

お店みたいな味に感動！

アジフライ

材料（2人分）

アジ　4尾

⇒スーパーや魚屋さんで「アジフライ用にしてください」と頼むと、お店で見る三角形のアジフライ形に！もちろん食べやすい三枚おろしでもOKです。

下味

　塩、こしょう　各少々

フライころも

　薄力粉　適量

　生パン粉　適量

　［バッターミックス］

　薄力粉　60g

　卵　1個

牛乳　¼カップ

★揚げ油　フライパンの底から3cm

作り方

1　アジに塩、こしょうをふる。バットに薄力粉、生パン粉をそれぞれひろげる。

2　ボウルに薄力粉を入れ、卵を加えて泡立て器で混ぜる。牛乳も加え、全体がなめらかになるまでさらに混ぜる。

3　アジを薄力粉が入ったバットに入れて、まんべんなくまぶす。余分な粉をはたいたら、バッターミックスにくぐらせる。生パン粉のバットに入れ、まわりの生パン粉をふわっとのせ、全体にパン粉をつける。

4　フライパンに油を高さ3cmほど入れて、中温*に熱する。アジを油に入れ、2分ほど揚げてから裏返してさらにこんがり色づくまで1分ほど揚げる。

ポイント
バッターミックスは右手、パン粉は左手と役割分担を！　すべて両手でやると、手にころもがつきまくってモコモコになります……。

ポイント
「バッターミックス」とは、昔から洋食屋さんでフライに使われる技法。薄力粉、卵、牛乳で作った濃度のあるころもをつけることで、素材が密閉されて蒸し焼き状態になり、しっとり仕上がります。パン粉も断然はがれにくい！

ポイント
油に入れたら
2分は絶対にさわらない！
油の対流で、ころもがピンと
立ち上がってくるのを待ちます。

揚げ揚げメモ

個人的にはフライの中で一番好きなのがささみ！　この揚げ方なら驚くほどしっとり食感に仕上がり、ささみの印象が変わること間違いなし。ぜひ太めのささみを見つけてお試しを。

a

パサつかないのがうれしい

ささみチーズフライ

材料（2人分）

ささみ　4本

⇒なるべく太いものを選ぶとしっとり！

プロセスチーズ　30g

フライころも

- 薄力粉　適量
- 生パン粉　適量
- ［バッターミックス］
- 薄力粉　60g
- 卵　1個
- 牛乳　¼カップ

キャベツのせん切り、ソース　各適量

★揚げ油　フライパンの底から3cm

作り方

1　ささみは筋をとり、縦に切れ目を入れる。プロセスチーズを細い縦長に切り、ささみの切れ目にはさむ（このとき、チーズがはみだしていると揚げている間に流れ出やすいので注意！）

2　P.91の手順**2**～**3**と同様にころもをつけて（**a**）、こんがり色づくまで中温*で3分ほど揚げる。

3　器にキャベツとともにささみを盛り、ソースをかけていただく。

磯の香りにさわやかさをプラス

牡蠣のしそ巻きフライ

材料（2人分）

牡蠣　8粒

⇒加熱用。生食用のものはうまみ成分が洗い流されているので、牡蠣フライにするなら断然加熱用を買って！

しそ　8枚

フライころも

- 薄力粉　適量
- 生パン粉　適量
- ［バッターミックス］
- 薄力粉　60g
- 卵　1個
- 牛乳　¼カップ

らっきょうとみょうがのタルタルソース（P.75参照）　適量

★揚げ油　フライパンの底から3cm

作り方

1　牡蠣はボウルに塩水をためて洗い、ざるにあげる。ひとつずつしそで巻く。

2　P.91の手順2～3と同様にころもをつけて、こんがり色づくまで中温*で3分ほど揚げる。

3　器に盛り、タルタルソースをかけていただく。

揚げ揚げメモ

牡蠣もバッターミックスをつけて揚げることで、水分が逃げず超ジューシーな揚げあがりに！　しそのほかバジルで巻いて揚げても、ぐっと洋風になり白ワインにぴったり。

切り口をずらっと並べて

長ねぎの豚巻きフライ

材料（3～4人分）

豚肩ロース薄切り肉　200g

下味

｜塩、こしょう　各少々

長ねぎ（白いところ）　2本

焼きのり（全形の⅓サイズ）　6枚

フライころも

｜薄力粉　適量

｜ドライパン粉（細びき）　適量

｜［バッターミックス］

｜薄力粉　60g

｜卵　1個

｜牛乳　¼カップ

練りからし、カットレモン、
　カットライム　各適量

★揚げ油　フライパンの底から3cm

作り方

1　長ねぎは1本を3等分にする。豚肉は広げて塩、こしょうをふり、6等分して焼きのり、長ねぎの順にのせて巻く。

2　P.91の手順**2**～**3**と同様にころもをつけて、こんがり色づくまで中温*で5分ほど揚げる。

3　長さを3等分にして器に盛り、練りからし、カットレモン、カットライムを添える。

〃揚げ揚げメモ

丸のままの長ねぎを豚肉で巻いて揚げる宴会にもぴったりのフライ。熱が入り、とろっと甘くなった長ねぎと豚肉の間に、焼きのりをはさんでアクセントに。練りからしをたっぷりつけて！

揚げ揚げメモ

普通のゆで卵を入れると巨大になるスコッチエッグ。おつまみ仕様に、うずらの卵とバジルをひき肉だねで包んでみました。細びきのパン粉で作ると、ちょっとオシャレな感じになって◎！

うずらの卵がちょうどいい

ミニバジルスコッチエッグ

材料（2人分）

肉だね

- 合いびき肉　200g
- 玉ねぎ　¼個
- ドライパン粉　大さじ2
- 塩、こしょう　各少々

バジル　6枚

うずらの卵（水煮）　6個

フライころも

- 薄力粉　適量
- ドライパン粉（細びき）　適量
- ［バッターミックス］
- 薄力粉　60g
- 卵　1個
- 牛乳　¼カップ

好みの葉野菜、ソース　各適宜

★ 揚げ油　フライパンの底から3cm

作り方

1　ボウルに肉だねの材料を入れて練り混ぜ、6等分する。丸めてつぶしたらバジル、うずらの卵をのせて包み、たわら型にする。

2　P.91の手順**2**～**3**と同様にころもをつけて（**a**）、こんがり色づくまで中温*で6分ほど揚げる。

3　葉野菜と器に盛り、好みでソースをかける。

a

日本酒にもワインにも！

ブルーチーズハムカツ

材料（2人分）

ハム　4枚

ブルーチーズ　60g

フライころも

- 薄力粉　適量
- 生パン粉　適量
- [バッターミックス]
- 薄力粉　60g
- 卵　1個
- 牛乳　¼カップ

好みの葉野菜　各適宜

★揚げ油　フライパンの底から3cm

作り方

1　ハムは周囲5mmほどを残してブルーチーズをおき、もう1枚のハムをのせてはさむ。

2　P.91の手順**2**～**3**と同様にころもをつけて、こんがり色づくまで中温*で2分ほど揚げる。

3　半分に切り、葉野菜と器に盛る。

揚げ揚げメモ

とある日本酒専門店で食べたつまみをヒントに、自己流で作っているおつまみです。モッツァレラやゴーダチーズをはさむのもよいのですが、ブルーチーズはどうにもクセになる組み合わせ！

揚げ揚げメモ

正直いってこの本の中で一番面倒くさい。でも、そのおいしさと達成感はお墨付き！　ぜひ人が来るときなどに、気合いを入れて作ってほしいメニューです。カラフルでかわいいですよ～。

ホムパで盛り上がる！

3色ミニコロッケ

材料（4～5人分）

基本のコロッケだね

- じゃがいも　4個
- 合いびき肉　100g
- 玉ねぎのみじん切り　½個分
- 牛乳　½カップ
- 塩　小さじ1
- オリーブオイル　小さじ1

3色のもと

- 緑：ほうれんそう　½把
- 赤：トマトペースト　大さじ2
- 黄：カレー粉　大さじ1

フライころも

- 薄力粉　適量
- ドライパン粉（細びき）　適量
- ［バッターミックス］
- 薄力粉　60g
- 卵　1個
- 牛乳　¼カップ

★揚げ油　フライパンの底から3cm

作り方

1　じゃがいもは皮をむいて四つ割りにし、ひたひたの水と鍋に入れて中火にかける。竹串がすっと通ったら、フォークでつぶす。熱いうちに牛乳、塩を加え混ぜる。

2　フライパンにオリーブオイルを熱し、玉ねぎを入れてすきとおるまで炒める。ひき肉を加え、肉の色が変わったらバットに広げ、粗熱がとれたら1に加え混ぜてコロッケだねを作り、3等分する。

3　ほうれんそうはクタクタにゆでて水気を絞り、包丁で細かく刻む（フードプロセッサーにかけるとラク！）。コロッケだねのひとつに混ぜこみ、緑色の生地を作る。トマトペースト、カレー粉もそれぞれ混ぜて赤、黄色の生地をつくり（a）、ピンポン玉大に丸める。

4　P.91の手順2～3と同様にころもをつけて、こんがり色づくまで中温*で2分ほど揚げる。

a

揚げもの食べるならこんな店

自分で揚げるのは最高だけれども、プロの味を食べるならココ！　ハナコが足しげく通う揚げものの名店をご紹介します。

揚げ揚げコラム

⇒ 鶏のから揚げ

丸千葉 ［南千住］

「普通」だからこそ食べ飽きない 下町酒場のジューシーから揚げ

から揚げなんて、どこの店で食べても似たようなものじゃない？　そんな思いこみをぶっ飛ばしてくれるのが、南千住「丸千葉」。しかも、ここはバリバリの下町酒場。あくまでも酒のつまみとして食べられている鶏のから揚げが最高すぎるのだ。

そもそも、この店は何を食べても抜群においしい。刺し身、煮物、焼き物……なかでも、誰もが食べたとたん「うまいっ」となるのが、鶏のから揚げ。一般的なものよりは、ひとつひとつがかなり大きめ。バリっと茶色く色づいてはいるけれど、食べれば肉はやわらかく、じゅわっと肉汁があふれ出す。舌に残るのはシンプルなしょうがじょうゆ味。いくつ食べても食べ飽きず、アツアツのうちに思わず完食してしまう。

「変わったことは何もしてないよ。地鶏でもない普通の鶏肉だし、味つけは酒、しょうゆ、にんにく、しょうが。片栗粉をはたいたら低温の油から揚げて、最後は高温でパリッとさせる。ね？　普通でしょ？」。そう笑うのが、揚げ場のマイスター、通称かっちゃん。

「気を使っていることといえば、一品揚げるごとに油をすべて濾過することかな。同じ油を一日に何度も使うけど、揚げカスだけは絶対に残さない。においとこげが、なにより大敵だから」。しかも、「新品の油だけを使うことはないね。古い油に新しい油をブレンドしながらじゃないと、いい色も味も出ないんだよ」。なるほど油の管理が一番の秘密なのか。

それにしてもだ。細やかな心遣いは幾多もあるにせよ、から揚げをはじめこの店の料理に奇をてらったものはひとつもない。それでも、なぜこれほどに心をつかまれるのだろう。

「変にこったことはしないからね。どこの店も〈普通じゃないもの〉を作ろうとするけど、うちが出すのはあくまでも〈普通〉のつまみ。だから、いつまでも食べ飽きないのかも」。もはやここまでくれば、その〈普通〉こそ突出した個性。今日も明日も通ってしまいたくなる理由がそこにあった。

丸千葉：東京都台東区日本堤1-1-3　03-3872-4216

先に言っておこう。この本でご紹介しているアジフライのレシピ（P.91）。これは、駒場東大前の定食屋「菱田屋」で教えてもらったものだ。そんなのありかという気もするが、このレシピに出会って私の「フライ感」が激変したのだから仕方ない（お店も許可済み！）。それまで面倒なだけだったフライ作りが、プロのテクを使えばこれほどおいしくなるのかと感激した。

店主・菱田アキラさんが揚げるフライ料理は、店の看板メニューのひとつ。この一皿を求めて、毎日、客は長い行列を作る。具にパン粉が突き刺さったかのようなザクザク香ばしいころもに、ふっくらしっとりやわらかな具。その秘密は、ころものつけ方と揚げ方にあった。

「うちのフライに欠かせないのは、バッターミックスと呼ばれる卵＋牛乳＋薄力粉で作った濃度の高いころも液。洋食店などではよく使われる手法だね。卵だけのころもに比べて具をしっかり密封するから、蒸し揚げ状態になってしっとり仕上がるんだ」

特製の生パン粉をつけたら、絶対に上から押さえない！　ふわっとまとわせることで、重さのないザクザクのころもに仕上がるのだとか。

「揚げているときも、むやみにさわらないこと。パン粉が立ち上がってくるのをじゃましないことが大切」。なるほど、まるで子育てのような（？）フライの揚げ方……。

お店で食べると、まずはそのボリュームに誰もがひるむ。たとえばある日は、一皿に巨大なアジフライがドーン！　それだけでも十分なのに海老フライが4尾もついている。たっぷりのタルタルソースにスパゲティサラダも添えられ、注文時に「ごはん半分で」と伝えなければ大変なことになるのは必至（ある日のれんこん肉詰め揚げはひとり6切れ！）。

でも不思議と、食べ始めれば箸が進んで誰もが完食。その秘密は「がっつりでも食べ飽きさせない」、フライ作りへの技術と愛なのだろう。

⇒ アジフライ

菱田屋 ［駒場東大前］

バッターミックスが決め手
ふわふわ蒸し揚げアジフライ

菱田屋：東京都目黒区駒場1-27-12　03-3466-8371

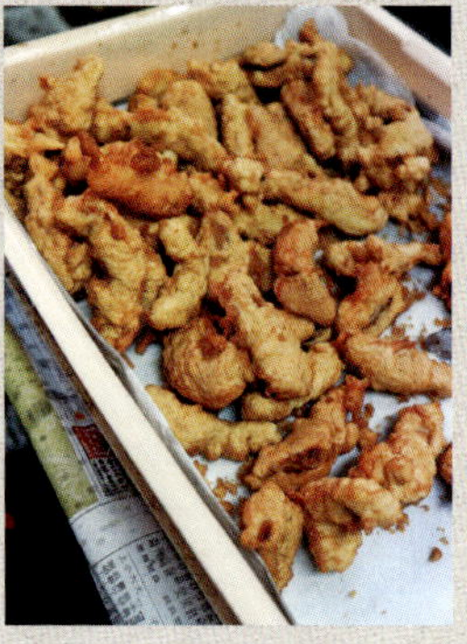

⇒ 天ぷら

石垣島の刺し身屋さん ［石垣島］

「アチコーコー」をどうぞ
海辺で食べるぼってり天ぷら

「石垣島での正しい夕暮れの過ごし方」を聞かれたら即答できる。「刺し身屋で揚げたての天ぷらを買い、よく冷えたオリオンビール片手に海辺でだらだら過ごす」！　東京で仕事が立て込むたび、「ああ、石垣島に行きたい」と思うのは、これがやりたいだけなのではと思うほどだ。

「刺し身屋の天ぷら」。それは石垣島に昔から伝わる食文化で、島内にある数十軒の「鮮魚店（もしくは「刺し身店」）」で刺し身などのほかに売っている「天ぷら」を指す。日によって具材は異なるものの、主なのは白身魚やイカ。重曹入りのぼってりした天ぷらころもにくぐらせ、大抵は注文ごとに専用のフライヤーでじゃんじゃん揚げてくれる。

注文時は「300円分ちょうだい」などと金額単位で頼む。すると渡されるのは、揚げたてをガサッと入れた油のしみる紙袋。店を出た瞬間から、つまみ食いするのは当然だろう。ふわっと分厚いころもは、天ぷらというよりもフリットに近いのかもしれない。塩味のきいたころもと淡白な白身魚は相性抜群で、どうにもビールが止まらない中毒性がある。店ごとに少しずつころもの配合も異なるし、なかには「もずく天ぷら」など変わり種をおく店も。今日はここ、明日はあちらと島内の天ぷら巡りをするのもオススメだ。

もともとは、気温が高く魚を保存しづらい島の環境によって生み出された「刺し身屋の天ぷら」。でも「アチコーコー（できたてアツアツ）」の天ぷらを手に海辺でビールを飲んでいると、この地の揚げもの文化のすばらしさをかみしめずにいられないのだ。

石垣島水産直売所
沖縄県石垣市字登野城2-3
0980-87-5552

島さしみ店
沖縄県石垣市登野城496-11
0980-83-0971

マルハ鮮魚
沖縄県石垣市美崎町1-5
0980-82-0557

4章

腕まくりして
華やかに揚げる！

宴会が大好きで、少なくとも月に二度は自宅でパーティーをしている私。
いろいろな料理を出しますが、参加者のテンションが一番上がる瞬間……

それは、まさしく揚げもの!

このキングっぷりにかなうメニューはありません。
っていうか、みんな食べたいんだな。揚げたての揚げもの。(自分で揚げたくはないみたいだけど)

だから、うちの宴会では必ず揚げものを数品用意することにしています。
小人数ではちょっと面倒なメニューでも、みんなで食べるなら腕まくり!
単純に「フライ山盛り!」「とにかくから揚げ!」のときもありますが、
毎回決めている宴会のテーマに沿って出すと喜ばれることが多いですね。
さらに、その揚げものと一緒に出すとバランスの良いサブメニューを組み立てると、
最後まで飽きずに食事を楽しめます。

今回、ご紹介するのは、我が家の定番宴会5テーマ。

ぜひお客様を呼んで、みんなで揚げまくってみてください!

ワイン宴会

我が家で一番多く開かれているのがワイン宴会。
好きなワインを持ち寄ったり、信頼する小売店から
まとめて取り寄せたり……、ひとり１本は軽く飲み干します。
ワインに合うようオイルを使った洋風料理が増えるので、
揚げものは決め打ちで１～２品。揚げたてをほおばりながら、
スッキリした泡や白ワインをどうぞ。

ワイン宴会献立

青のりとチーズのゼッポリーネ

揚げ揚げメモ

ドライイーストはハードル高めかもしれませんが、生地に混ぜるだけなのでお手軽。イーストでしか出せないもちっと感が味わえて感動しますよ。人が来るときこそチャレンジを！

具なしマカロニグラタン

宴会メモ

カメラマンさんに教わって「具なしがおいしい！」と感動。チーズをのせなくてもよい焼き色がつきます。ソースとマカロニを合わせて耐熱容器に入れておき、ゲストが来たらグリルへ。

にんじんとくるみのラペ

宴会メモ

作り置き可能なので早めに準備してOK。くるみだけは出す直前に入れるとカリッとした歯ごたえを楽しめます。大きめにほぐしたカッテージチーズを加えてもおいしい。

白ワインや泡にぴったり

青のりとチーズのゼッポリーネ

材料（4～5人分）

薄力粉　40g
強力粉　80g
青のり　大さじ2
粉チーズ　大さじ2
ドライイースト　2g
ぬるま湯　120ml
塩　適量
★揚げ油　フライパンの底から3cm

a

b

作り方

1　ボウルに薄力粉、強力粉、青のり、粉チーズ、ドライイーストを入れ、ドライイーストをめがけてぬるま湯を加える。ゴムべらで全体をしっかり混ぜる（a）。

2　ラップをかけて室温（22℃以上がベスト！）に20分ほどおいて発酵させる。1.5倍くらいの量にふくらめばOK（b）。

3　フライパンに油を高さ3cmほど入れて中温*に熱する。スプーンを揚げ油でさっと濡らし、生地を小さめのひと口大（揚げるとふくらみます！）にして油に入れる。さい箸で転がしながら2～3分揚げ、ボウルに入れて塩をふり混ぜる。

アツアツを出せば歓声が！

具なしマカロニグラタン

材料（4～5人分）

マカロニ　400g

オリーブオイル　小さじ1

バター　100g

牛乳　1ℓ

薄力粉　80g

塩　小さじ1

ナツメグ　小さじ1

作り方

1　マカロニは袋の表示どおりゆでて、オリーブオイルをまぶす。厚手の鍋にバター、薄力粉を入れて弱火にかけ、へらでバターを動かして溶かしながら薄力粉となじませていく（a）（b）（完全にバターが溶けた状態に薄力粉を入れるとダマになりやすいので注意！）。

2　全体がなじんでペースト状になったら、やや火を強めて牛乳を50mlずつ3回くらいに分けて加え、そのつどしっかり泡立て器で混ぜる。だまになりそうときは、火を弱めてしっかり混ぜつつ、なじんできたら100mlずつ加え、すべての牛乳を混ぜる。

3　塩、ナツメグ、1のマカロニを加え混ぜて耐熱容器に入れ、210℃のオーブンでこげ目がつくまで焼く（各素材に火が通っているので、こげ目がつけばOK。オーブンのグリル機能を使うと早い！）。

ナッツがアクセントになる

にんじんとくるみのラペ

材料（4～5人分）

にんじん　4本

塩　小さじ1

ドレッシング

　レモン汁　1個分

　オリーブオイル　大さじ2

　塩、こしょう　各少々

くるみ　40g

パセリのみじん切り　½把分

作り方

1　にんじんはスライサーでせん切りにしてボウルに入れ、塩を加え混ぜる。10分ほどおいて、にんじんがしんなりしたらしっかり水気をしぼる。くるみはフライパンでから煎りして（断然風味がよくなる！）、粗く刻む。

2　ボウルにドレッシングの材料を混ぜ、にんじん、くるみ、パセリのみじん切りを入れてあえる。

ビール宴会

夏になれば開催したくなるのが、ビール宴会！
お気に入りの缶ビールやクラフトビールを
氷水入りのシンクに浮かべて好きに飲んでもらうもよし、
思い切って業務用生ビールサーバーをレンタルするのも
盛り上がります。キレのいいビールと揚げものは相性抜群！
じゃんじゃん揚げて飲みまくりましょう。

ビール宴会献立

鶏皮餃子

揚げ揚げメモ

近所の焼き鳥屋でよく食べる大好物。最近はスーパーでも鶏皮だけを集めたものが売っているので、見つけたらぜひ！　皮が少なすぎると、焼いたときに縮んで中身が飛び出るので注意。

揚げ海老パン

揚げ揚げメモ

東南アジアでおなじみの揚げパン。海老たっぷりのたねをパンにぬって揚げるだけで、ぷりぷりサクサクの歯ごたえが楽しめます。塩の代わりにナンプラー（小さじ1）を加えると本格的。

香味ピータン豆腐

宴会メモ

揚げものによく合うさっぱり冷ややっこに薬味だれ！　香味野菜は調味料と合わせるとカサが減るので、臆さずたっぷり使いましょう。タレは事前に作っておき、出す直前に豆腐にかけて。

カリッとプリっとたまらない！

鶏皮餃子

材料（4人分）

鶏皮　4枚

肉だね

- 鶏ひき肉　200g
- 玉ねぎのみじん切り　¼個分
- 酒、片栗粉　各小さじ1
- 塩、こしょう　各少々

★揚げ油　フライパンの底から3cm

塩、粉山椒、パクチー　各適量

作り方

1　鶏皮は1枚を3等分に切る。ボウルに肉だねの材料を入れて練り混ぜる。

2　鶏皮に12等分した肉だねを細長くのせ、皮をかぶせるようにして包む（a）。

3　フライパンに揚げ油を高さ3cmほど入れて中温*に熱し、餃子のとめ口を下にして並べ入れる。ふたをして1分焼き、裏返して2分焼く。器に盛り、塩、粉山椒をかけ、パクチーを添える。

つい手が出るビール泥棒

揚げ海老パン

材料（4～5人分）

むき海老　180g

下味

- 玉ねぎのみじん切り　¼ 個分
- にんにくのすりおろし　1 かけ分
- 酒　大さじ 1
- 塩　小さじ 1

サンドイッチ用食パン　4 枚

カットライム　適量

★揚げ油　フライパンの底から 1cm

作り方

1　海老は包丁で粗くたたく。ボウルに入れ、下味の材料を入れて練り混ぜる。

2　食パンを ¼ に切り、16 等分した **1** をぬりつける（a）。

3　フライパンに油を高さ 1cm ほど入れて中温*に熱し、海老だねがついた面を下にして入れる。1 分ほど揚げたら裏返し、こんがり焼き色がついたら揚げバットにあげる。器に盛り、ライムを添える。

パセリとトマトでさっぱりと

香味ピータン豆腐

材料（4～5人分）

豆腐（木綿）　2 丁

ピータン　2 個

香味だれ

- パセリのみじん切り　1 把分
- しょうがのみじん切り　1 かけ分
- トマトの角切り　½ 個分
- しょうゆ　大さじ 3
- 酢　大さじ 2
- ごま油　小さじ ½

作り方

1　豆腐はペーパータオルで包み、10 分ほどおいて器に盛る。ボウルに香味だれの材料を混ぜる。

2　ピータンを 8 等分のくし切りにして豆腐の上に並べ、香味だれをかける。

日本酒宴会

日本酒でしっとり宴会をするなら、
やっぱり用意したいのが和の揚げもの。
鶏肉や白身のすり身など、淡白な素材をがっつり揚げて、
しょうゆベースの味つけにするとバランスが良いようです。
揚げものと日本酒の間にはさむ、
箸休めのお漬けものを用意するのもお忘れなく！

日本酒宴会献立

湯葉のすり身巻き揚げ

揚げ揚げメモ

干し湯葉はなじみが薄いかもしれませんが、ぜひ使ってみてほしい！　プリッとした食感が楽しい、品のある揚げものです。どうしても干し湯葉がない場合は、開いた油揚げで代用を。

鶏肉の栗しょうが巻き揚げ

揚げ揚げメモ

かためにといた片栗粉のころもをしっかりつけることでパリッと揚げられます。事前に揚げるところまでやっておいて、ゲストに出す際にタレにからめると慌てずおいしく出せるはず。

白菜ときゅうりの浅漬け

宴会メモ

我が家の冬の冷蔵庫に欠かせない常備菜。宴会には塩分控えめでたっぷり作って、サラダのようにポリポリ食べられるスタイルに。塩分を倍量にして1週間ほど漬けた古漬けも◎。

プリッと歯ごたえが楽しい

湯葉のすり身巻き揚げ

材料（4人分）

干し湯葉　2枚
真だら　2切れ（200g）
長ねぎのみじん切り　½本分
片栗粉　小さじ1
塩　小さじ½
薄力粉　小さじ1（小さじ1の水で溶く）
大根おろし、しょうゆ　適量
★揚げ油　フライパンの底から3cm

a

b

作り方

1　干し湯葉は破れていないものを選び、ぬるま湯に5分ほどつけて戻す。真だらは皮と骨をとり、フードプロセッサーにかけて（または包丁でひたすらたたく。根性！）ボウルに入れ、長ねぎ、片栗粉、塩を混ぜて練る。

2　**1**の湯葉をまな板に広げ、中心に**1**のすり身だねを長方形にして置く（**a**）。P.27「具だくさん巻き」を参照して同様に巻く（**b**）。巻き終わりに、小麦粉のりをぬってとめる。

3　フライパンに油を高さ3cmほど入れて中温*に熱し、湯葉巻きを入れる。2分ほど揚げたらひっくり返し、さらに1分ほど揚げる。全体に弾力が出て湯葉がカリッとしてきたら、揚げバットにあげる。食べやすく切り、しょうゆをかけた大根おろしを添える。

華やかな切り口に盛り上がる！

鶏肉の栗しょうが巻き揚げ

材料（4人分）

鶏もも肉　2枚（700g）
甘栗　180g
しょうがのせん切り　2かけ分
揚げころも
　片栗粉　大さじ5
　水　¼カップ
照り焼きだれ
　酒、しょうゆ、みりん　各大さじ2
★揚げ油　フライパンの底から4cm

a

b

作り方

1　鶏もも肉は包丁で切れ目を入れて厚さを均一にする。鶏肉をまな板に横長に広げ、中心に細長く栗としょうがを置き（**a**）、巻き込んで端を楊枝でとめる（**b**）（後で切るときに抜くので、何本刺したか忘れないように！）。

2　ボウルに揚げころもの材料を混ぜる。1分ほどおくと底に片栗粉が沈殿してかたまるので、手でよく混ぜたところに鶏肉を入れて全体にまぶす。

3　フライパンに油を高さ4cmほど入れて中温*に熱し、ころもをまぶした直後の鶏肉を1本ずつ入れる（一度に2本入れると温度が下がりすぎます）。2分ほど揚げたらトングでひっくり返し、さらに4分ほど揚げる。もう一度ひっくり返し、3分ほど揚げたら網バットにあげる。

4　フライパンに照り焼きだれの材料を入れて中火にかけ、沸いたら**3**の鶏肉を入れ、たれがほぼなくなるまでからめる。粗熱がとれたら、楊枝をねじるようにして抜き、1cmほどの輪切りにして器に盛る。

揚げものの合間の箸休めに

白菜ときゅうりの浅漬け

材料（4人分）

白菜　⅙株
きゅうり　2本
塩　小さじ1
昆布（2×3cm）　1枚
いりごま　大さじ1

作り方

1　白菜は3cm長さのざく切り、きゅうりは小口切りにする。

2　密閉袋に**1**の白菜、きゅうり、塩、昆布を入れて全体を混ぜ、空気を抜くようにして封をする。

3　1時間以上おいてから軽く水気をしぼって器に盛り、いりごまをふる。

エキゾ宴会

トルコやモロッコへ旅行に行く機会が多かったころは、
「エキゾチック」をテーマにした宴会を多く開いていました。
クミンやラム肉、豆類などをたっぷり使い、
現地の揚げものメニューも盛りだくさん！
食器やテーブルクロスも現地から持ち帰ったものです。
ブルー系のクロスや器を用意すると雰囲気が出ますよ！

エキゾ宴会献立

ターメイヤ

揚げ揚げメモ

アラブ全域で食べられる豆のコロッケ。そら豆とイタリアンパセリの割合を増やすほど鮮やかな緑色になります。ヨーグルトやきゅうりの薄切りとピタパンにはさんでサンドイッチにも！

ブリック

揚げ揚げメモ

チュニジアの名物料理。現地では「マルスーカ」という生地で作りますが、春巻きの皮で代用可。皮が水分を吸うと破れやすいので、包んだらすぐ揚げること。2枚重ねると破れにくい。

羊飼いのサラダ

宴会メモ

トルコなどを中心に食べられるカラフルな野菜サラダ。味がなじむので、宴会の1時間ほど前に作っておいて大丈夫です。現地で「スマック」と呼ばれるスパイスは、しそふりかけで代用可。

鮮やかな緑色がうれしい

ターメイヤ

a

材料（4人分）

ひよこ豆（水煮缶）　1缶
（水気を切って200g）
そら豆（冷凍）　200g
イタリアンパセリ　1束（10g）
具
- 卵　1個
- にんにくのすりおろし　1かけ分
- クミン　大さじ1
- 塩　小さじ½

パン粉　1カップ
白いりごま　適量
★揚げ油　フライパンの底から2cm
練りごまソース
- ヨーグルト　½カップ
- 白ねりごま　大さじ2
- 塩　小さじ½

作り方

1　ひよこ豆はざるにあげて缶汁をきる。そら豆は流水解凍して皮をむく。

2　フードプロセッサーに、ひよこ豆、そら豆、イタリアンパセリを入れてかくはんし、具の材料を加えてさらに混ぜてペースト状にする。ボウルに移し、パン粉を加え混ぜて12等分し、ピンポン玉大に丸めてから平たくつぶす。バットにいりごまを広げ、ターメイヤのまわりにびっしりとつける（a）。

3　フライパンに油を高さ2cmほど入れて中温*に熱し、ターメイヤ生地を入れる。2分ほど揚げて裏返し、さらに2分ほど揚げ、全体がカリッとしてきたら揚げバットにあげる。混ぜ合わせた練りごまソースを添える。

とろ〜り卵に感動！

ブリック

材料（4人分）

春巻きの皮　4枚
じゃがいも　2個
ツナ缶　1個
下味
　クミン　小さじ1
　塩　小さじ½
　こしょう　少々
卵　4個
薄力粉　大さじ1（大さじ1の水で溶く）
★揚げ油　フライパンの底から3cm

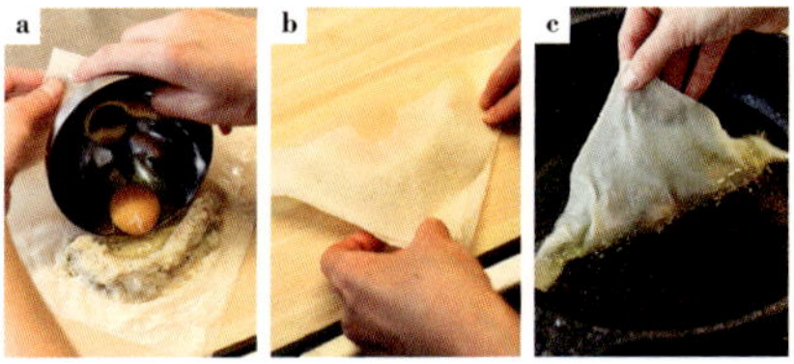

作り方

1　じゃがいもは皮をむいて四つ割りにし、ひたひたの水と鍋に入れて中火にかける。竹串がすっと通ったら、フォークでつぶす。熱いうちに汁をきったツナ缶、下味の材料を加えて混ぜる。

2　春巻きの皮を広げ、中心より少し前に**1**をV字にのせる（生卵の防波堤になるので、指でぎゅっとおさえてかためる）。春巻きの皮の端に水溶き薄力粉をぬり、V字の箇所に生卵を置いたら（**a**）、一気に半分に折って端を閉じる（**b**）（生卵が流れ出ないようスピーディーに！）。

3　フライパンに油を高さ3cmほど入れて中温*に熱し、ブリックを入れる（**c**）。1分ほど揚げたら裏返し、さらに1分ほど揚げ、皮が色づいたら揚げバットにあげる。

しそふりかけがポイント

羊飼いのサラダ

材料（4人分）

トマト　1個
きゅうり　2本
紫玉ねぎ　½個
ブラックオリーブ　10個
イタリアンパセリ　3本
ドレッシング
　レモン汁　1個分
　オリーブオイル　大さじ2
　ゆかり（しそふりかけ）　小さじ1
　塩、こしょう　各少々

作り方

1　トマト、きゅうり、紫玉ねぎは角切り、ブラックオリーブは半分に切る。イタリアンパセリは粗く刻む。

2　すべてをボウルに入れ、ドレッシングの材料を加えて混ぜる。

インド宴会

昨年、ドはまりした国がインド。
旅行していた11日間の3食はもちろん、帰国後数カ月は
毎日スパイス料理を作って食べ続ける日々でした。
もっともっと作りたくて、月に何度もインド宴会を開いたほど！
インドの揚げものはスナック類が多いのですが、
おつまみになる天ぷらも美味。カレーレシピとともにご紹介します。

インド宴会献立

パコラ風天ぷら

揚げ揚げメモ

本来は「ベスン粉」というひよこ豆の粉で作りますが、天ぷら粉にターメリックを入れてインド風に。ターメリックは入れすぎると苦みが出るので量に気をつけて。

ほうれんそうとチキンのヨーグルトカレー

揚げ揚げメモ

現地で肉が入るのは珍しいのですが、ボリュームを出すためチキンカレーにしてみました。肉の代わりに揚げたなすやじゃがいもを加えてもOK。油をケチるとおいしくありません！

大根としょうがとミントのインド漬け

宴会メモ

インドの定番副菜のノンオイル浅漬け。ミントの代わりに香菜のみじん切りやししとうの小口切りを加えてもOK。大皿にカレーやごはんと一緒に盛り、途中から混ぜ合わせてどうぞ。

黄色いころもは天ぷら粉で

パコラ風天ぷら

材料（4人分）

エリンギ　2本
パプリカ（赤）½個
カリフラワー　¼個
ししとう　4本
天ぷらころも
- てんぷら粉　100g
- ターメリック　小さじ½
- 水　160ml

カットレモン、カットライム、パクチー、塩　各適量
★揚げ油　フライパンの底から3cm

作り方

1　エリンギは縦半分、パプリカは縦4等分に切る。カリフラワーは乱切りにする。ししとうはパンクしないように包丁で1カ所に切れめを入れる。

2　ボウルに天ぷらころもの材料を入れて(**a**)、なめらかになるまで泡立て器で混ぜる。

3　フライパンに油を高さ3cmほど入れて中温*に熱し、ころもにくぐらせた具をくっつかないように入れる。2分ほど揚げて、揚げバットにあげる。塩をふり、パクチーを添えて、レモンやライムをしぼっていただく。

a

たっぷりの葉野菜をペーストに！

ほうれんそうとチキンのヨーグルトカレー

材料（5〜6人分）

鶏もも肉　800g
ほうれんそう　5束
玉ねぎ　½個
カットトマト水煮缶　1缶
クミンシード（あれば）　小さじ1
スパイスミックス
　ターメリック　小さじ2
　チリパウダー　小さじ1
　クミンパウダー　大さじ2
　塩　小さじ1
ヨーグルト　1カップ
サラダ油　¼カップ
水　1カップ
仕上げのヨーグルト　適量

a

b

作り方

1　玉ねぎはみじん切りにする。鶏もも肉はひと口大に切る。ほうれんそうはクタクタにゆでて水気をしぼり、フードプロセッサーか包丁でペースト状にする。

2　冷たい鍋にサラダ油とクミンシードを入れて中火にかけ、しゅわしゅわと泡立ってきたら**1**の玉ねぎを加える。玉ねぎが少し色づくまで3分ほど炒めたら、トマト缶を加え、中火のまま10分ほど炒めてペースト状になるまで煮詰める（**a**）。

3　**2**にスパイスミックスを加えてひと混ぜし（**b**）、**1**の鶏肉を加えて表面の色が少し変わるまで1分ほど炒める。**1**のほうれんそうペースト、水を加え、3分ほど煮る。ヨーグルトを加えてひと煮たちさせ、いただく直前に表面にヨーグルトをたらす。

「バスマティライスの炊き方」（5〜6人分）

バスマティライス2合、クローブ5粒、シナモンスティック2本、ベイリーフ3枚、バター5g、水1.5lを鍋に入れて強火にかけ、沸騰したら中火にして6分ほど米をゆでる。食べてみてやわらかくなっていれば、ざるにあげて鍋に戻す。ふたをせず2〜3分むらしてからいただく。

いくらでも食べられるレモン風味

大根としょうがとミントのインド漬け

材料（4人分）

大根　½本
しょうがのみじん切り　1かけ分
ミント　5g（手のひらにのるくらい）
レモン汁　1個分
塩　小さじ1

作り方

1　大根はスライサーでせん切りに、ミントは包丁でみじん切りにする。

2　密閉袋にすべての材料を入れ、15分以上おいてから、軽く水気をしぼっていただく。

おわりに

私が初めて揚げものをしたのは、たぶん中学生のとき。
母と一緒に作った夕食の天ぷらでした。
ボウルに薄力粉、卵、氷水を入れたら、
「粉が残るくらいに軽く混ぜてね」と言われてさい箸でぐるぐる。
母の見よう見まねでころもをつけて揚げ油に入れると、
シュワッところもの花が咲いて感動したのを覚えています。

実家の天ぷらは、お中元の空き箱に新聞紙とキッチンペーパーを敷き、
その上にどんどん揚げあがりをのせていくのが定番。
兄と海老を取り合いながら食べる揚げたては最高だったし、
翌日の弁当に入るべちゃっとしたころもの天丼も大好物でした。
今でも「翌日の天丼分」を余分に揚げるのは、その記憶があるからかな。

揚げものは確かに面倒くさい。
でもやっぱり、家で揚げることでしか得られない幸せがあるはずです。
もしこの本を読んで、なにかひとつでも作ってみたくなったら……。
ぜひそこから、楽しい揚げもののライフを始めてみてください。

ツレヅレハナコ

ツレヅレハナコ

寝ても覚めても、おいしい料理とお酒のことばかり考えている編集者。週に3日は自宅で熱々の揚げものとお酒を楽しむなど「おうち揚げもの」を心から愛している。主な著書に『女ひとりの夜つまみ』（幻冬舎）、『ツレヅレハナコのじぶん弁当』（小学館）、『ツレヅレハナコの薬味づくしおつまみ帖』（PHP エディターズ・グループ）、『ツレヅレハナコの食いしん坊な台所』（洋泉社）。食や日常を綴る Instagram（turehana1）も更新中。

撮影　鈴木泰介
ブックデザイン　福間優子
スタイリング　久保百合子
イラストレーション　死後くん
PD　小川泰由

ツレヅレハナコの揚げもの天国

2018年4月16日　第1版第1刷発行

著　者　ツレヅレハナコ
発行者　清水卓智
発行所　株式会社ＰＨＰエディターズ・グループ
〒135-0061 江東区豊洲 5-6-52
☎ 03-6204-2931
http://www.peg.co.jp/
発売元　株式会社 PHP 研究所
東京本部／〒135-8137 江東区豊洲 5-6-52
普及部　☎ 03-3520-9630
京都本部／〒601-8411 京都市南区西九条北ノ内町 11
PHP INTERFACE　https://www.php.co.jp/

印刷所・製本所　凸版印刷株式会社

ISBN978-4-569-84052-9